U0901567

我们坚信，

一定会有一些美容院，

因为本书，

业绩实现十倍井喷。

另外，**所有**开店的**读者**，

均有机会**获得10万～100万元的投资**

（详情扫描下方二维码）

生态运营系统
品项
营销
需求
架构
目标
顾客
监控
激励
产品架构
销售文化
消费文化
客情系统
方案
会务
推销
斩断促销
坐诊
爆款
单品
体验
话术
坚持
背部
沟通
附加值
腹部
套盒
沟通
培养顾客
潜在
卖法
认同
卖相
卖手
胸部
疗程
触动
外形
隐性
卖点
头部
首选
唤醒
成交
信任度
定价
内服
卡项
相信关
挖掘
沟通
转介绍
手工
推广
了解关
定位
广告
创造
满意度
认可度
考核
提成
口碑
底薪
选择
知道关
确认
责任
技术
套路
策划
破冰
ABC分客
伤客
奖励
薪酬体系
客情管理
三不管
拓客
手法
培训
挑客成交
周会
客情维护
总结
业绩目标
管控
推进
服务
销售
岗位分工
责任
人员
推动
月会
数据
执行
任务
下任务
总结
聚焦
执行
做计划
目标管理
时间分配
立事项
企业文化
设计
文化激励
奖励
重心
检测
问题
瓶颈
KPI
临界点
目标激励
绩效
考核

门店生态运营系统

有了专业还需要什么？经营

时代在变迁，市场在变化，技术在变革。但是无论时代怎么变，我们从业的姿态应该保持不变。多年前，我们会亲手做好每一件小事，我们会扎实学好每一门技艺。那时的中国美容院，用专业赢得了顾客的尊敬，用专业塑造了顾客的美丽。到了今天，我依旧坚信：只有真正替顾客着想，才能得到顾客的认可；依旧坚信：天道酬勤、业精于勤荒于嬉。

在行业兴旺繁荣的时候，不要丢弃了专业，在行业不够景气的时候，不要丧失了信心。当下的美容行业，更需要返璞归真、告别浮躁和功利，用勤恳务实的姿态做好每一件小事。就像在行业草创时期一样，用工匠精神，把最基本的事务踏实做好。

当然，仅仅有工匠精神还不够，还需要有经营的智慧。《美容院这样开才赚钱》就是一本传播经营智慧的著作，犹如美容行业的一股清流。几位作者在书中分享了大量有借鉴意义的信息，他们站在第三方的角度，指出了很多美容院经营中的盲区，提示了很多美容院会忽视的问题，强调了很多既朴素又深刻的道理。最为难得的是，书中还提供了多样化的案例和建议。相信这本书的问世，能给广大美业人士带来众多的启发、启示、启迪！

传播美，创造美，成就美，需要我们一起努力。祝愿所有读者都能通过阅读本书受益！

郑明明

国际美容教母

用实干赢得发展

这是一本很接地气的实战工具书。书中阐述的运营八大要素，处处站在美容院的角度，以实际运营为出发点，对美容院的经营者有着很好的指导性、启发性。作者的行文通俗易懂，字里行间没有废话，非常务实。而中国美业人三十年来勤勤恳恳，能走到今天，靠的就是实干，靠的就是务实。只有实干才能兴邦，只有务实才能获得长足的发展。在书中，作者强调了一个观点：请顾问的目的，就是为了不请顾问。这正说明只有务实的行动和辅导，才能解决企业发展问题，才能让企业得到成长。相信该书的出版，一定能给中国广大美容连锁企业带来全新的思想冲击和行动依据。

马　娅

全国工商联美容化妆品业商会会长

什么叫真正的模式

中国的美业市场生命力的强大是令人难以想象的，这么多年来的所谓模式公司如雨后春笋般层出不穷，所有的模式公司如一把把锋利的日本东洋刀砍向行业客户的头颅，但如果我们细问：模式公司能真正救活的店铺有几家？店铺死了一批跟着又上来一批，有需求就有杀戮。然而我们能看到的所谓模式公司自身能存活超过两年的又有几家。

在企业经营中肯定有很多盲点是我们看不到的，但企业经营我们追求的究竟是什么，人人都想持续，但又有几家能保持持续，为了理清经营中的盲点自然要借助外力，但请顾问的目的是什么？本书中提出了一个重要的观点：请顾问的目的是不再请顾问。就像我们请医生的目的是不再请医生一样的。

自从走出校园后每天忙于工作，再也没有时间去认真看一本书了，在当今网络顺行的时代，太多的资讯通过手机就能观看了，但这本书我竟然认真地从头到尾仔细读完了。这本书不是武侠小说，但当我翻开第一页时就停不下来了，书中的篇章把我一下子带入一个意境，就像是我在经营我的连锁企业一样，这中间我看到了我平时看到的，同时也看到了我平时没有关注到的。这本书最难得的是竟然提供了这么多的案例，而这些案例不是空洞的理论，一看就知道这是作者的实战经验。书中提到：偶发的业绩井喷容易实现，持续的业绩井喷才算成功。每当听到某某模式公司爆出帮某某美容院一个月出单多少多少时，在我看来都是一场灾难，因为我们太清楚了，这个月出单了预示着下个月开始就靠这个月的单慢慢熬过很长时间的日子了，这种现象在行业内比比皆是。

我们在追求模式的同时有没有正确理解什么是模式，如果只是通过一个手段来短期恶性提升业绩那不是模式，那只是杀戮；如果我们能正确理解模式，其实那只是企业经营中的一种机制。

认真读完本书，你会明白什么叫真正的模式。

认真读完本书，学以致用，不但能加强你驾驭千军万马的能力，同时能提升你街头巷战的技能。

朱　尧

全国工商联美容化妆品业商会副会长

广州天懿美容美发连锁集团董事长

序言四 • FOREWORD

美容院不只"赚钱"那么简单

一个偶然的机会让我认识了这群能让美容院"赚钱"的年轻人，他们思维敏捷、见解独到、不拘一格，极具江湖侠义之风，应百达可以团队的邀请，为他们的处女作写序，甚感荣幸！读后，颇有感触！

做生意是一定要赚钱的，可开美容院不只是"赚钱"这么简单，很多人认为美容行业是个暴利行业，大多数人是从产品的原材料成本投入来评判美容行业，而美业是个要付出高额服务成本组合的行业。"赚钱"并不是那么简单！一个能让一家开业 7 年的小店，3 个月内在不做促销、不搞优惠、不做大项目的前提下，做出超过前一年业绩总和的营销体系，值得学习，更值得探讨！

中国美业发展至今 30 年的风雨征程，涌现出无数的优秀企业和专业人士及众多的运营管理方法，而这本能让美容院"赚钱"的实战宝典，堪称一绝！真性情，不浮夸，实数据，用心营！提出美容行业要建立一个"健康的、美的、和谐的、良性循环的、可持续性的、可修复的"门店生态运营系统，让高业绩持续而成为常态化，是美业的福音，更是中国美业发展走向成熟的开端。

服务业的核心是人，是以心为本的经营！客户和员工是服务型企业的根本。一个企业的成功就是爱你的顾客，爱你的产品，爱你的员工！美容事业的目的和意义不仅仅是“赚钱”，而是通过我们的专业技能和科技手段，将爱注入，用心体验，对这个带给人们美丽和健康的事业充满激情和热爱，让信任流动起来，学会珍惜，一路向前！

营销并不是产品与产品之间的战争，而是意念与意念之间的战争，以客为尊，以人为本！不断地创造客户的感受价值，“赚钱”反而变得轻松，容易了！“积善行，思利他”，付出不亚于任何人的努力，拥有足够的远见，十足的好奇心，足够的勇气和信心，“爱心工作，感恩做人”，更能创造出可持续发展的未来！

祝福中国美业！感恩所有为中国美业付出、奉献青春的从业者，感恩所有信任和支持中国美业的广大消费者！感恩百达可以为中国美丽事业健康发展贡献智慧！

刘乙秀

全国工商联美容化妆品业商会副会长

中国 SPA 协会会长

持续成长从改变开始

与作者结缘有十年，这次他们写了《美容院这样开才赚钱》，给我的震撼很大。我读完本书有种感觉，就是说不清楚的舒服，本书一气呵成，从美容院的专业角度到门店的生态运营，作者都写出了要想提高门店的业绩就要有这套生态运营系统，我简单说一下我对本书的一些看法，和大家一起分享。

把美容院创造利润的方式比喻为营养学与食谱；营养学的建议是，要均衡摄取碳水化合物、蛋白质、食物纤维、维生素等，饮食中的卡路里不要比一天的所需量多太多，也不要少太多。这种有良好均衡的饮食生活，才能提高我们的生活质量、预防疾病、改善生活形态，带我们走向健康长寿。

美容类企业也是一样，要均衡投资于各项要素，如设备投资、服务开发、人才的雇用与培育等之上，把它们连接到营收，再回收投资的资金。此时，“利润”就是用来衡量投资是否取得均衡的标准。能够在不硬撑的均衡状况下产出适当利润的企业，能够长寿，又能够提高股东与员工的满意度。

绝大多数美容企业都拥有成功的条件，却不一定能够成功，就算一时成功了，也无法确保一再成功。本书教你拆解团队运作模式与个人行为，并以更健康的方式重组，从组织习惯到团队沟通，从训练技能到激发热情，从快速复原到一再成功，第一手深入解读冠军团队的常胜秘诀，你也可以从中学到全新的美容管理要诀和运营的生态系统。

几乎每个人都曾在体质不健康的企业或组织工作过，你一定知道每天要面对那些办公室的政治角力、混乱不清和功能不彰的流程与规定，还有磨人的官僚心态，是多么痛苦的事。

在不健康的企业或组织工作，到后来会把工作视为苦役，自尊受损，然后祸及家庭。这些负面效应，都是可以避免的。

这本书要写给烦恼于“如何创造利润”和“想让业绩持续井喷”的美容行业的商业人士。

本书根基于作者多年的研究、顾问、咨询以及实战经验，总结出了这套美容院门店生态运营管理系统。这套系统可以让美容院走出只靠活动才能提高业绩的思维模式，打造新门店生态运营系统的思维模式，偶然的业绩井喷是容易实现的，持续业绩井喷是要靠系统来完成的。这本书也是当今美容院创造高利润和高业绩的一本实用教材。

我认为《美容院这样开才赚钱》，文字流畅、语言丰富、案例实用，如果美容院的门店都按照这套生态运营系统来经营，业绩的提升是自然而然的。最后祝本书能给全国的美容院带来长久的业绩。

王瀚骏

美国百事可乐/百事食品（中国）公司原总经理

夸克（中国）企业顾问有限公司创始人

前 言 • PREFACE

说实话，对于写书我们实在不是个行家，更确切地说是个新手。《美容院这样开才赚钱》是我们的处女作。

我们真实的身份，是美容院运营的“外脑”——一家专注于美容院生态运营系统建设的咨询公司。至今为止服务过数百家美容院，其中不乏连锁大佬。当然，在服务的过程中，我们把活干得很漂亮，业绩干得很出彩。否则，我们也就不会有今天写书的底气和勇气。

之所以写书，是因为我们想让更多的美容院通过我们而改变、受益。但是通过服务能帮到的店太有限。我们的业务是满单的，比如现在是 11 月份，而实际上我们明年 2 月份的行程就已经预订完了。为此，我们建立了美业第一在线咨询社群——百佬会，并在群里开课，百佬会也因此被会员称为“美容院的百度”。尽管如此，中国美容院数以百万计，远远不是一个社群就能覆盖得了的，于是我们萌生了写书的想法。

6 月份，确定了要动笔写书，我们成立了编辑部。成员除了百达可以公司的核心人员外，还邀请了公司的战略顾问全程参与本书的起草。可到了真正动笔写稿的时候，我们发现真的是千头万绪，有千言万语却不知从何说起。如果要展开，随便拉一个点出来都可以说上几天。而美容行业的门店类型众多，各自面临的问题也五花八门，写作的话题很难兼顾到所有的从业院长。

初入行的院长跟已经做了三五年的院长需求不同，三四家小连锁企业跟单店企业的需求不同；大型连锁跟小连锁的需求不同；面积小的社区店跟面积大的会所店的需求不同。如何保证这本书能让大多数的美容院看完后觉得有所收获，是我们很在意的一个问题。此外，采取什么类型的文风来写，也是个让人纠结的事情。一方面，我们希望这本书能够尽可能的高大上一点，在学术上至少要有自己的经营观点呈现；另一方面又希望这本书很接地气，通俗易懂，任何人随便将一页翻开，都可以津津有味地读下去。任何一个章节一旦翻开，映入眼帘的第一句话，都具备吸引人阅读的魅力。同时，又希望这本书能带给美容院启发和深省，用当头棒喝的批判或用精准的案例去启迪，实现深入浅出、嬉笑怒骂皆成文章的一部大成之作。

写一本行业 30 年来最接地气的书，是我们想做到的。但是事实上有没有那么接地气呢？我们也不敢断言这个“最”是真的最。但是，能够肯定的是，这是一本汇聚了我们经验的匠心之作，是站在咨询公司视角的经过我们深入思考的用心之作。想到这里，心下释然！

非常感谢马娅会长、郑明明老师、朱尧大哥、刘乙秀会长、王瀚骏老师等前辈、领导能为本书作序，你们的认同，给了我们莫大的鼓励。 同时也要感谢百佬会全体成员对本书的殷切期待，你们的渴求，也是我们坚持写好本书的动力源泉。

最后，我们想说的是，这本书还有很多瑕疵，还有大量我们想说的话没有说完，毕竟这本书是按照单一思路来展开的，无法面面俱到。所以，剩下没说完的话，我们会适时地在公众号、百佬会社群的课程里更新，读者朋友们可以关注本书上的两个微信二维码，以期更全方位地帮助到你的美容院！

CONTENTS • 目 录

CHAPTER1 • 第 1 章

业绩不会无故井喷

- 3 个月做一年的业绩？当然可以，而且没啥了不起
- 想要业绩？现在就给你
- 生态运营系统，让美容院业绩持续井喷的秘密

3 个月做一年的业绩？当然可以，而且没啥了不起

尊敬的美容院院长。本书的目的只有一个，就是告诉你做业绩赚钱的硬功夫、真本领！为此，我们决定不说废话，直奔主题。先来看一个案例。

2016 年 3 月。百达可以公司的咨询师朱博老师接到一个新案子，奉命前往昌市给一家美容院搭建系统。出发前，朱博老师拿到了该美容院发来的统计数据。大致内容如下：

门店数量：1 家

开店时长：7 年

员工人数：共计 4 人

组织架构：店长 0 人、顾问 0 人、美容师 4 人

床位数量：5 张床

顾客人数：共 75 人

店面概况：120 平方米，装修普通，在写字楼里

业绩状况：平均业绩 6 万元 / 月左右，年度业绩 79 万元

很显然，这是一家小型的美容院。无论是员工数量、业绩规模还是营业面积，都只能用小来形容。类似这样的店，每个城市都有很多家。这是一家很普通的“小破店”。

朱博老师飞到当地待了 2 天。

她的工作内容，看上去貌似有些枯燥。没有华丽的开场，没有音乐舞蹈，没有激情洋溢的自我介绍，甚至连培训的 PPT 都没有。朱博老师向该店的刘总要了一堆数据，然后一头扎进去，对数据进行了深度分析和判断。

做完这些后，她心里有数了。于是，她对该企业的组织架构稍稍做了一些调整：在岗位职能上界定了明确的分工，比如谁该做什么不该做什么；然后，对团队做了观念培训；当然既提出了业绩目标，也对目标提出了具体的工作要求。比如，要求监控每个到店顾客的沟通质量、时间、内容。又比如，要求放弃原有的销售流程，采取新的销售流程等。值得一提的是：**她制订的销售方案，没有对顾客做任何优惠设计。**

4 月，她又去了昌市 2 天。

5 月，她又去了昌市 2 天。

每次去，她做的工作不完全相同，但也是同样的简单朴素、毫无花俏。

3 个月的结果下来，该店的业绩一共做了 92 万元，超过了上一年 79 万元的年度业绩总和。

3 个月做了一年多的业绩，**在不做促销、不搞优惠、不做医美大项目的前提下！**

6 月，该美容院的刘总在“百佬会”社群里，跟一个广西美容院院长[⊖]聊天时，她说了几句话。作者把她的话原封不动地照搬过来给大家看看。刘总首先是这么说的：“我的店原来是没有活动、没有优惠，业绩就不能保障，活动一次 20 万元，但是接下来的几个月业绩低得让人发慌，所以常常会借助模式活动和合作项目才能支撑业绩，去年的基础业绩是 79 万元。

⊖ 美容院院长，简称美院院长，也简称美业院长。

朱博老师进店后根据店里情况做了管理架构、项目整合、业绩分析和主推项目的确定，现在我的团队能够在不打折、不优惠的情况下，3个月就完成全年的业绩。所以我深深地感觉到，建立卖手团队很关键，如果卖手团队建立条件不成熟那就要请卖手好的产品或者项目进来，不知道能否在这里说，但这是我的真心话！”

刘总接下来是这么说的：“我的店原来业绩每月不超6万元，现在不打折、不优惠，每月业绩是原来的3倍还多。布局很关键！策略对了，业绩是可持续的！”

值得一提的是6~8月，在这3个月的时间里该店又做了106万元的业绩，超出了前一年的业绩总额。而每年的七八月，不正好是我们美容业人所共知的、所谓的“淡季”吗？但该店在“淡季”做出的业绩居然又超出了全年业绩总和。

看上去是不是很厉害？

尽管对于店家来说，这样的业绩变化是非常可喜的。但在我们看来，这个案例根本不算什么。另外，业绩增长也不是什么值得炫耀的事情。为什么这么说？原因有四个。

原因1：用3个月做一年的业绩虽然很棒，但这样的案例我们有很多，从500万元到1400万元，从1200万元到3600万元，从3000万元到6000万元，从6500万元到2亿元……类似的案例比比皆是。这家店只是众多案例中的一个罢了。

原因2：这是一个单店。单店往往不复杂，相对容易操作。在我们看来，如果一个大型连锁店（譬如50个店的连锁），如果单店月平均业绩20万元，被我们做到单店月平均业绩 100 万元，并且保持至少 6～8 个月稳定不动荡，我们才会觉得这个水平是上乘的。

原因 3：3 个月是短期行为。同样的业绩用别的方式也能做到。在这个行业里，我们偶尔会看到某些项目公司，或者某个策划公司用促销活动或者会议的方式，也做出过类似的业绩倍增量。不同的是，那些取得成绩的公司会在朋友圈和微信群里大肆宣传，恨不得让全天下的人知道。所以我们更加觉得没什么值得骄傲的。

原因 4：对于我们来说，有比业绩更重要的指数值得关注，而这些指数一旦提升，才能真正让一个企业发生本质上的变化。我们追求的，不是让美容院产生短期业绩井喷，我们追求的是长期的业绩井喷。短时间内把业绩拉高几倍不难，难的是把业绩保持住不掉下去。要做到不掉下去，普通的招数是不够用的。这就需要在美容院里建立一个生态运营系统，稳定住井喷后的业绩，并创造新的提升。而这正是我们百达可以公司咨询师团队的工作重点，也是本书后面着重要阐述的内容。

回到案例本身。针对朱博老师前 3 个月在昌市修身堂的工作成果，百达可以公司内部做了复盘和总结，具体见下面的案例点评。

案例点评

昌市修身堂

1. 相对一年 79 万元而言，3 个月做了 92 万元的业绩，并且没有大项目（医美、整形、海外医疗等）。成交人数提升55%，客单价提升70%，有了可喜的进步。但是，该店的瓶颈依旧存在，只是暂时被撕开了一部分，而不是彻底打破。第二季度的服务，在操作上需要调整局部动作，把口子继续撕开，为第三季度的冲刺打好基础。

2. 真正的变化。过去店里必须依靠促销等各种活动来获得业绩，现在完全停止了。对于这家店来说，开始走向了不需要依赖促销、依赖方案的道路。这个意义重大，不依赖促销，意味着这家店的运营模式开始走向成熟。

3. 表面看，团队成长快速，工作状态好，投入度高。这是由于近3个月的收入倍增导致的状态兴奋；另一方面是团队找到一些自信。但是团队尚未成熟，尤其是卖手心智的成熟度，还有待磨砺，需要时间沉淀。不要松懈，对她们要保持一定的压力。

4. 最大的收获是不是老板个人的蜕变？刘总是否在朱博老师指导运营的过程中掌握并理解了朱博老师的动作？如果她理解并掌握了，就可以慢慢学会自己运用。有朝一日没有咨询师服务时，业绩依旧能保持在一个较高的水平上，甚至再度提升。

5. 务必保持战果。要警惕刘总以及团队产生满足情绪。假如目标没有实现就提前满足了是很危险的。对于整体瓶颈的破除会有非常不利的影响，还会导致团队战斗力的下降。

6. 案例操作过程中有哪些不足点？希望朱博老师本次出差回来能对此做个总结，并提交给张欢老师。

汪　东

2016年6月

想要业绩？现在就给你

这一节内容，算是送给每位读到本书的院长的一份小礼物。

我们考虑到很多美容院都渴望业绩，甚至不少人为了业绩总是做出急功近利的行为。因此在接下来的这一节内容里，我们打算分享一个套路，一个可以帮助美容院快速收到钱的套路。如果你掌握了这个套路，每年你都可以用上一次，不用再花钱去请策划公司帮忙。

如果你的美容院现在正处于业绩低迷的状况，连续好几个月的业绩都不高，非常渴望能冲刺一轮业绩的话，就可以立即按照以下套路做一把，以解决燃眉之急。这叫学以致用，现学现用。如果你当下不缺业绩，就当成是沙盘演练吧，反正早晚会用得上。

事先声明两点：

这是我们能轻易做到，但不提倡大家去做的套路。

虽然你可以通过这个套路，快速提升业绩，但请牢记这仅仅是短期的行为。如果想要长期的高业绩，还是要通过生态运营系统去实现。(这本书的核心目的，就是教美容院如何建立生态运营系统。)

现在开始。希望每个美容院院长看到这里，都能停下来，拿出纸和笔做个游戏。说是做游戏，但事实上是模拟一场策划。而你只要准备充分，就可以假戏真做把游戏变成现实，成功达成一轮较高的业绩。我们深信，在看这本书的人当中，一定有人能够通过这个策划得到启发，真的实现3～5倍的业绩提升。如果一个策划公司看了，也许会产生灵感，按照这个套路去服务美容院，赚美容院的钱，尤其是赚没看这本书的美容院院长的钱。

拿出笔，先写下你的平均业绩值。例如一年产值300万元的店，月平均业绩值就是25万元。写下来之后，乘以3或5。我的意思是，以3～5倍平均业绩值作为接下来你要完成的目标。你想要3倍业绩就乘以3，想要5倍业绩就乘以5。你的平均业绩值是25万元，你就写下75万元或者125万元；平均业绩值是10万元，你就写30万元或者50万元；是12万元就写36万元或者60万元，依此类推。

接下来，你要挑战3～5倍的业绩，会有如下几种情况:

1. 如果你写下的目标是平时业绩的3倍，你可以做成一个30天的挑战目标来对待。

2. 如果你写下的目标是平时业绩的5倍，你可以做成一个60天的挑战目标来对待。

对于30天的目标，你可以把时间分割成4周来操作。对于60天的目标，则会稍微复杂一点，需要设定为每15天或每 10 天一个周期，一共 4～6 个周期来操作。

行业里有几个策划公司，就经常采用 60 天（也有 45 天的）的跨度去完成一场业绩活动。他们将这种策划活动冠以各种诸如“风暴”“海啸”“盛典”之类的名称，卖给美容院，收费标准则是 8 万～15 万元不等。提供给美容院的支持是活动前期 3～5 天的下店，安排出工作计划，然后让美容院去执行。有很多美容院愿意为此买单。

提示：30 天和 60 天，你只能选一个。二者区别还是蛮大的。在产品、顾客、员工、方案、奖励各方面侧重点各有不同。60 天的时间跨度长，对于团队的毅力会有所要求。如果你从来没有干过时间跨度较长的活动，选择 30 天来操作会相对合适。

如果你的平均业绩值是 10 万元，今天定的目标是 30 万元的话，现在有两个思路可以让你去实现目标，第一个是：先找钱。

你可以策划一个 10 万元的方案，成交 3 个顾客就够了。

或者出一个 3 万元的方案，只要卖给 10 个顾客就完成了。

先去分析你的顾客一次性掏钱买单的能力处于什么级别，这就叫找钱。

如果能找出 3 个 10 万元的或者 10 个 3 万元的顾客，找到以后，你要琢磨的只是卖什么以及如何卖给她们罢了。是不是这个道理？

但是，你可能会觉得你的店平时才做 10 万元 / 月，要找到 3 个顾客每个成交 10 万元很不容易；又或者，卖出 10 个 3 万元的也有较大的难度，甚至，你可能会觉得你的顾客没钱。

如果有其他障碍还好说，但这种认为顾客没钱的想法是完全不可取的，往往也是最可怕的，要坚决摒弃这个念头。千万别去想你的客人是不是很穷，是不是没有钱。思考这个毫无意义，还会对目标的达成有副作用。不过，具有这种思想观念的人真的不在少数。为此，我们认为有必要跟大家啰唆一下。来看下面这个例子。

两年前，我代表百达可以公司，到浙江宁波的一个小镇上出差。客户姓张，400 平方米的店开了近 10 年，业绩一直做得不怎么样，大概在 15 万～20 万元 / 月的样子。工作结束后，她带我去了她的同学李总（一个地产公司老板）开的酒店吃饭。李总那天正好也在，于是我们就一起用餐。吃着吃着，不记得是什么原因，张院长忽然冒了个话题说她的顾客大多数没钱，只有 10 个左右的顾客的消费力还说得过去。

我对张院长这个论调非常反对，于是强调：你的顾客其实很有钱，你别小看她们，你不了解她们，你没找到她们的需求等。但没想到的是，我说的话遭到张院长非常坚定、强而有力的反驳，她说："我跟她们认识十来年了，都这么久了我还不了解她们？而你一个都不认识！"

于是唇枪舌剑、互不相让地辩论了起来。总之，任凭我怎么说，她都不信。最后没办法，我说："干脆我们打个赌吧，赌十条中华烟。听说李总的新楼盘马上要开盘了，让李总安排两个售楼人员在你店里待着，看看一个月在你店里能卖出多少套房子。"李总一听立即来劲了，连忙说："没问题，没问题，甚至还可以给一个熟人的优惠政策。"张院长接受了，她满怀信心地以为她赢定了。她认为她的A类客户不缺房子不会买，其他顾客没钱买不起。饭后我们去了售楼处，我挑选了两个帅哥，花了一个小时给他们交代任务，并叮嘱帅哥，遇到问题记得及时跟我沟通，等等。安排妥当后，当晚我飞回了广州。

好戏开场。两个帅哥第二天进店，摆出各种宣传资料开始工作。结果第4天就开始出单，然后接连不断地出单。一个月的时间到了，两个帅哥不肯走，因为留在店里能出单啊。于是又继续卖了20天，前后加起来卖了整整50天。最后在张院长的店里，他们居然卖了整整51套房子。整整51套！两个帅哥告诉我，倘若不是李总的楼盘卖空了肯定还会有成交。

值得一提的是，这批成交房产的顾客里面，居然有28位是她店里年度消费在5000元以下的顾客，所谓的C类顾客（没钱的顾客）。面对这个事实，张院长目瞪口呆。事后，她的同学李总为表示感谢，给她封了一个20万元的红包。张院长说要分我5万元被我谢绝了，但我因为打赌赢了，毫不客气地收了她十条软中华，至今想起来还乐滋滋的。

张院长到了美博会再次跟我见面时是在广州香格里拉酒店的咖啡厅里，说起这个事情她还依旧感慨万分，唏嘘不已。她当众表示自己以前的思想太固化、太保守，太自以为是了！我不知道有多少地产公司去美容院卖过房子。但我敢肯定，只要地产公司去美容院卖房子，肯定能有斩获。

你是不是也觉得你的顾客没钱？如果是，这个观念一定要破除。

千万不要小看你的顾客的购买力，关于这一点你一定要相信。除了张院长之外，我们还有无数个案例可以证实你的顾客有强大的消费潜力。既然顾客的消费力不是问题，那么问题是：你店里卖的东西是否能满足、能解决顾客的需求？你所提供的商品和服务，是否值得顾客们掏出 3 万元、5 万元或者 30 万元、50 万元而已！

回到策划上来，按照我们的思路继续走下去。

如果你对卖 10 万元和 3 万元的方案没有信心，或者你的团队根本没有经验和胆量去卖这个价位的方案，那就换一个角度思考。刚才我们阐述的第一个思路是先找钱。现在分享第二个思路：先找人！

你先想一想，你店里有多少个顾客？如果有 150 位，那么你也可以出一个 2000 元的方案，150 人成交就是 30 万元。但是你肯定没把握让 150 个顾客都成交。尤其是一个月的挑战时间里，顾客会有很多人不到店，你连成交的机会都没有。而到店的顾客你也没把握全部成交。那么，你可以问问自己有能力卖给多少个人？如果是 30 个人，为了确保目标达成，你就把方案设定在 9980 元这个价位上。然后进一步思考：如何确保这 30 个顾客都能，一定能，全部能成交？！

再然后，针对剩下的 120 个顾客，你可以设计另外一个价位方案，比如 4980 元的方案，思考一下有多少个顾客具备这个消费能力，比如 60 位，那么如何确保这些人全部成交？最后还剩下 60 个顾客，你可以把平时最畅销的小疗程和家居产品打包在一张卡里，做成一个礼包，定价 1980 元去销售给她们。

思路一是先找钱，把有钱的几个顾客找出来。

思路二是先找人，评估做促销活动的情况下有把握成交多少人。

最后为了确保你的目标达成，你可以把两个思路结合起来考虑，形成这么一个最终策略：

3 万元的方案找出 10 个目标成交对象，锁定她们。

9980 元的方案找出 30 个目标成交对象，锁定她们。

4980 元的方案卖给剩下的所有人。

那么 10 万元的方案还要吗？每个店的情况不同，你可以自己定。

1980 元的方案还要吗？每个店情况不同，也由你自己定。

我们建议最终方案最好不超过 3 个，免得乱。

再接下来，思考另外几个问题。你把这几个问题弄清楚了，基本上就可以动手挑战了。

1. 经常买单的那批顾客（大概 20% 左右，约 30 位）分别消费你的什么项目？

2. 这批顾客消费的项目的代理商或厂家，哪些可以帮助你？比如提供促销赠品、奖励，安排人员协助？既然你打算用这些项目去打仗，上游供应商应该给点弹药支持吧。想好以后，给他们挨个打电话，让他们知道你在搞促销活动，需要他们的支持。跟他们确定：哪天到哪天分别是哪个品牌的体验开放日。

3. 现在是什么季节，你的顾客会有什么样的需求？

你可以找出面部、胸部、私密、仪器、养生、微整形、文眉、绣眉等平时业绩最棒的那些项目进行评估，评估后确定主打项目。你可以叫上你的员工们一起研究：在这些项目中，每一个项目的核心功能可以满足哪些顾客的什么需求？

把项目跟顾客对应起来，锁定。

把需求跟疗程对应起来，锁定。

把疗程跟金额对应起来，锁定。

把销售步骤和沟通话术对应起来，锁定。

4. 你能出台什么样的政策吸引这批顾客？上游供应商给了你一定的支持，这些够不够吸引人？不够的话你该怎么补充？

5. 你要出台什么样的奖励去刺激你的员工？精神的、物质的还是提成的？是单一刺激还是多元刺激？你对你的员工了解，你决定。

你对这5个核心问题进行自问自答，仔细思考，并在纸上写下你的答案。

如果你挑战3倍业绩目标，每周的周会就必须开。用周会的方式监控目标的推进。

如果你挑战 5 倍业绩目标，每 15 天的总结怎么开？铺垫的时间、宣传的时间、成交的时间怎么确定？要做到心中有数。

以上这些加在一起，就是一个完整的套路，我们就不说太详细了。

相信有些院长看到这里会受到启发，甚至有些院长已经知道怎么做了，还有些人会觉得这些内容有点眼熟，因为她曾经做过类似的活动。

我们再次强调：用这样的套路爆炒业绩，实现短期增长是可行的。但不可能天天这么干。一个健康的美容院所追求的，不是偶尔一次业绩井喷，而是持续的业绩井喷。短时间内把业绩拉高几倍不难，难的是把业绩保持住不掉下去。要做到不掉下去，就需要美容院自身的运营能力得到提升，团队战斗能力得到提升。唯一的途径就是建立内部生态运营系统。

生态运营系统，让美容院业绩持续井喷的秘密

美容院用促销爆炒业绩，就像生病用激素药，只是权宜之计。月月搞促销迟早让你的店难以为继。业绩高潮来临是很过瘾，但是退潮后接连几个月，你的店都难以恢复生机和活力，相信这是很多美容院不想要的。

想要做一个体魄健康的美容院，先来谈谈养生。

绝大多数美容院都有卖养生项目，很多院长都是养生理论专家。养生是为了追求更高、更好的生命质量，也是基于对生命尊重的一种行为。养生讲究的是五脏平衡、阴阳平衡和身心灵的和谐平衡。这个道理美容院院长应该都懂。

现在我们要问的是，人需要养生，企业难道就不需要“养生”吗？你的美容院，因为急功近利、盲目开发而透支掉的种种，跟你的客人透支掉的健康何其相似。但是，客人的健康出了状况你可以帮她调理，你的美容院的“健康”出了状况，谁来给你调理？

一个缺乏养生认知的人，他的生活习惯会直接造就他的身

体状况。

一个缺乏运营思路的店，它的经营习惯会直接造就它的业绩状况。

你的运营思路清晰吗？你的经营习惯正确吗？不用回答，先看看你满目疮痍的店内生态吧：

1. 顾客不到店、到店不消费、新客进不来、老客留不住，客情一团糟，是这样的吗？

2. 员工没目标、员工没激情、员工谈条件、员工不忠诚、员工总流失，是这样的吗？

3. 项目卖不动、自己没思路、总是靠促销、促了也难销、业绩死气沉沉，是这样的吗？

4. 乱炒项目，炒业绩、炒爆品、炒活动、炒促销，把顾客炒得怨声载道，是这样的吗？

5. 乱搞激励，打鸡血、谈心态、谈文化、搞绩效，把员工整得筋疲力尽，是这样的吗？

6. 乱搞管理，管考勤、管手法、管流程、管卫生，什么都管但不管目标，是这样的吗？

7. 成本居高不下、业绩持续低下、信任危机频发、营销糟糕透顶，是这样的吗？

到底是谁，造就了今天店内这样的生态局面呢？

还能有谁，正是此刻在看书的聪明无比的你呗！

确切地说，是你的习惯造就的，是你的观念、你的意识、你的自以为是、你的急功近利、你的盲目决策造就的。（此处略去三千批判字眼）

亲爱的院长，请问你的美容院是处于生态运营当中，还是处于病态经营当中?

我们换一种对话式的表达方式，来介绍一下生态运营系统。

百达可以：报告院长，有结论了。

美业院长：你快说!

百达可以：经过我们把脉，通过手诊、面诊、舌诊、耳诊、望闻问切这么多诊断，我们发现你的店属于外寒内热，阴阳失调，五脏失衡，气滞血瘀，经脉受阻;心跳无力，循环不畅，手脚冰凉，肝气郁结，四肢乏力;营养不良，邪气内侵，心绪不稳，心慌气短、精神不振;终至——精气神萎靡!

美业院长：啊?听上去很严重的样子，那我该怎么办?

百达可以：办法当然有，你的店需要进行调理，进行系统性的调理。

美业院长：拿什么调理?

百达可以：拿生态运营系统调理，效果很好!

美业院长：生态运营系统?

百达可以：是的。

美业院长：请问，什么是生态?什么是运营?什么是系统?

百达可以：所谓生态，就是指美容院的生存状态，以及美容院和生存环境之间环环相扣的关系。“生态”是用来定义美好事物的，比如健康的、美的、和谐的、良性循环的、可持续的、可修复的一种店内整体状态或氛围。

美业院长：有点似懂非懂，有点晕，但好像是挺不错的样子。那什么又是运营?

百达可以：所谓运营到底指什么，运营就是对系统进行设计、运行、评价和改进的管理工作。运营也可以理解为是一种能力。打个比方，就像中医用药一样，讲的是配方，用药的搭配及用量轻重，都会影响病情的好转及恶化。而这种用药能力称之为运营能力。

美业院长：嗯。那什么是系统呢?

百达可以：系统是什么?简单来讲，系统就是套路。大系统下面有多个子系统，譬如薪酬系统、绩效系统、服务系统、人力资源系统、品项管理系统、营销系统、顾客管理系统、需求管理系统、客情管理系统、目标管理系统等，系统就是干好这些事情的套路。

美业院长：你的意思是，要我们美容院建立一个生态运营系统，我的店就能经营得很健康，业绩很理想是吗?

百达可以：是的，系统就像舵手。大海航行靠舵手，一艘船如果没有航向，就会随波逐流，就会偏离你最初的目标，甚至触礁沉没。有系统就有了舵手，有了方向盘，有了指南针，甚至是有了避雷针！因为在系统的指导下，你会清楚人和事有所为，有所不为。

美业院长：建立系统还有什么好处?

百达可以：多着呢！每当你做决策的时候，系统使会让你耳清目明。没有系统的时候，你做决策总是习惯听东听西。听姐妹的、听代理商的、听策划公司的，这样会导致你盲目跟风，乱做决策。客观地讲，姐妹、代理商、策划公司都不是坏人，都是好人。可是好人害起人来，更吓人。就好比像你现在生病了，但你不去医院看医生，要么就是自己给自己当医生，自己给自己开药方，药店里一盒阿莫西林似乎能解决一切麻烦。要么问楼下感冒刚好的邻居她吃了什么药？你要是吃错了药别怪邻居，人家风热你风寒，人家也想帮你，只是药不对症啊。要么你就求教江湖郎中，没有行医执照，据隔壁二婶说医术了得，最后治出毛病来了你能怪隔壁二婶吗？

我们采访过一家有完备系统的美容院老板，问她有系统和没系统的区别，她描述得很有意思：没系统就是游击队，打一枪换个地方，时刻提防被鬼子活捉，减弱战斗力；有系统就是正规军，除了有枪炮子弹，还有战略，有规矩，有方向。强大的是装备，更是内心。

美业院长：我想再问一下，系统跟模式有什么区别？

百达可以：区别相当大！所有的模式基本上可以跟两个字画上等号，那就是促销。我们发现很多老板初次接触系统时，对“系统”的概念是非常懵懂的。有些人甚至认为系统只是一个模式。把系统当模式看真是小看了系统，就像把iPhone7 当摩托罗拉 V8088 来用，把最先进的智能手机当蓝屏手机用，能理解吗？

建设系统就像学习一套武功，咨询师是师傅，一招一式地教你打，等你学会了套路，就不需要师傅了，自己练，直至成为武林高手。

所谓美容院生态运营系统是我们提出的学术新概念。重点在前面“生态”二字上，它意味着良性运转、生生不息、业绩高企、稳定盈利还能够自我修复调节的一种健康的经营。跟当下行业里很多杀鸡取卵、急功近利、饮鸩止渴、盲目跟风、寻找救命稻草式的病态经营有着根本性的区别。而生态运营系统建立起来了，不仅可以实现业绩的倍增，更能实现业绩持续井喷不下滑，增强抗风险能力，为企业的生命体种下良性发展的基因！

从现在开始，直到本书的结尾，所有的内容都将围绕如何建立生态运营系统，以及建立系统的八大要素这个终极话题来展开。生态运营系统如图 1-1 所示。

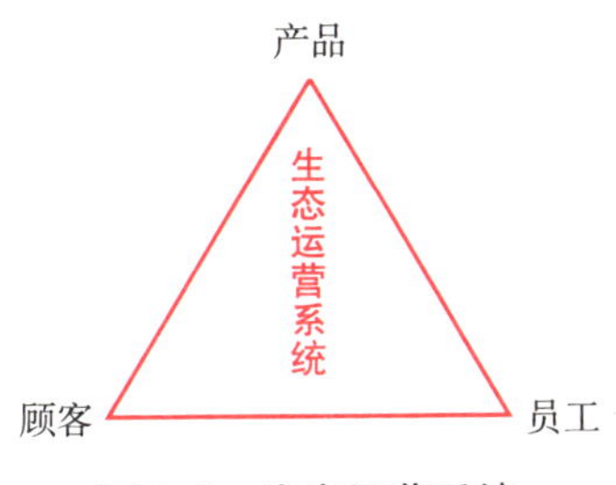

图 1-1　生态运营系统

CHAPTER2 • 第 2 章

做业绩从哪里下手

- 做一个有目标的美容院
- 互为前提的局
- 破局不能从问题下手

我们坚信，天下没有不想把店做好的院长！

我们坚信，时光永远不会辜负那些认真专注做好一件事的人！

做一个有目标的美容院

七八年前在网络上看到一篇很有意思的关于目标的小故事，天涯论坛以及很多博客都有转载。故事是这样的：

上大学时，我们曾去一位老教授家做客，那时豪情无限，高谈阔论，仿佛无所不能。老教授一直微笑着倾听，不参与我们的话题。

待大家热情一过，他提出要做个测试，我们顿时都来了兴致。

老教授先问："如果你去山上砍树，正好面前有两棵树，一棵粗，一棵细，你会砍哪一棵？"

问题一出，大家都说："当然砍那棵粗的了！"

老教授一笑，说："那棵粗的不过是一棵普通的杨树，而那棵细的却是红松，现在你们会砍哪一棵？"

我们一想，红松比较珍贵，就说："当然砍红松了，杨树也不值钱！"

老教授带着不变的微笑看着我们，问："那如果杨树是笔直的，而红松却七歪八扭，你们会砍哪一棵？"

我们有些疑惑，就说："如果这样的话，还是砍杨树，红松弯弯曲曲的，什么都做不了！"

老教授目光闪烁着，我们猜想他又要加条件了，果然，他说：“杨树虽然笔直，可由于年头太多，中间大多空了，这时，你们会砍哪一棵？”

虽然搞不懂老教授的葫芦里卖的什么药，我们还是从他所给的条件出发，说：“那还是砍红松，杨树都中空了，更没有用！”

老教授紧接着问：“可是红松虽然不是中空的，但它扭曲得太厉害，砍起来非常困难，你们会砍哪一棵？”

我们索性也不去考虑他到底想得出什么结论，就说：“那就砍杨树，同样没啥大用，当然挑容易砍的砍了！”

老教授不容喘息地又问：“可是杨树之上有个鸟巢，几只幼鸟正躲在巢中，你会砍哪一棵？”

终于，有人问：“教授，你问来问去的，导致我们一会儿砍杨树，一会儿砍红松，选择总是随着你的条件增多而变化，你到底想告诉我们什么、测试些什么呢？”

老教授收起笑容，说：“你们怎么就没人问问自己，到底为什么砍树呢？虽然我的条件不断变化，可是最终结果取决于你们最初的动机。如果想要取柴，你就砍杨树，想做工艺品，就砍红松。你们当然不会无缘无故提着斧头上山砍树了！”

老教授看着我们说：“刚才听你们纵论天下之事，似乎都不在话下。可是，当你们踏上社会之后，当许多事摆在眼前，你们便只顾着去做那些事，往往在各种变数中淡忘了初衷，所以也就常常会做些没有意义的事。”

“一个人，只有在心中先有了目标，先有了目的，做事的时候才不会被各种条件和现象所迷惑，才不会偏离正轨。这就是我的测试，也是我想要告诉你们的！”

目标，你还记得吗

在竞争加剧的明天，第一批会出局的店家都是没有目标的店。

第二批被淘汰的店家，是尽管有目标但是对目标不聚焦的店。

第三批被淘汰的店家，是尽管有目标也聚焦但没有系统的店。

在目标这个概念上，有很多院长是糊涂的。

美容院的管理者通常都是女性。从性别上而言，女性原本就比较容易感性地看待事物，感性地做出判断和决策。另外，由于美容院通常面临的局面是乱七八糟一堆问题，管理者要为各种问题到处分心、到处救火。一分心，就容易导致工作缺乏重点。原有的目标自然就被干扰了，于是，管理者会容易忘记自己的目标和初心，从而陷入迷失，很难从具体的事务当中抽离出来看待自己的企业所处的状况，捕捉不到关键问题，也抓不住运营重心所在。

我们能够理解院长的这种状态。因为，在运营管理中处处需要院长从小处着手，以至于忙乱烦累、焦头烂额、顾此失彼，从而导致院长无法做到从大处着眼。等到有一天，院长忽然想起目标这回事的时候，距离自己定下目标的时间已经过去了半年甚至大半年。这种现象很常见。

目标是一盏灯，只有心中牢记自己的目标，才不会在琐碎的事务里迷路。

提问：亲爱的院长，你的目标是啥？还记得吗？

请你回顾一下，你在年初的时候，制定的目标是什么，做好的行动计划又是什么？

你是看到我们的提问立即能想起你的目标是什么，还是需要回忆几秒钟后才想起你的目标是什么？如果你是前者，我给你点赞。如若是后者，说明你的目标不坚定。而前者的业绩肯定高过后者。

你是每天记得你的目标，每天在审查自己跟目标的差距，还是大多数时候忘记了，偶尔才想起？如果你是前者，我给你点赞。如若你是后者，说明你不够聚焦，你还能做得更好。

你是看书看到这个章节时被我们提醒了，才想起来自己曾经也定过目标？还是你根本就没有目标？如果你是前者，你就是糊涂虫；如果你是后者，你就是糊涂蛋，二者没什么区别，都是稀里糊涂地在混日子过。我除了骂你应该还是骂你（算了我还是闭嘴，把准备骂出口的 3000 字吞回去）。

反面教材：几个美容院老板娘的一天

王院长，浙江某连锁店

上午9点就上班了。一来就抓着运营总监、区域经理开会，研究方案和活动。

聊了一上午，从方案聊到业绩，再到人员问题。开会的主题不知道什么时候开始跑到外婆家去了。最后，会议开成了对高管的埋怨会，说员工有情绪、不在工作状态、业绩上不去都是高管的问题。到了中午，吃个饭，睡个午觉，找个手法好的美容师给自己做个护理。然后，有心情就继续抓高管开会，或者想到别的事就走了。说明天接着开会研究下一步业绩。结果第二天重复第一天工作。最后，实在想不出来，就抓起电话，打给同行的闺蜜打听方案，让对方发方案给自己。一周后，觉得这个方案还不够好，了解到一个新的，推翻！

赵院长，江苏无锡某店

赵院长每天几乎不管店，只盯着几个大客户。

大项目厂家没有会议，她就每天带着大客户吃喝玩乐买买买。厂家有会议就带着大顾客出去各种玩，给顾客推荐大项目。店里管理没有章程、业绩不好，她就问员工怎么回事，员工说什么她就相信什么，然后老板、员工一起心塞、惆怅；最后，她又开导员工，跟员工聊心情。

更气愤的是，带出去成交的大项目业绩瞒着员工。问她为啥？她还理直气壮地说："这些顾客是我带出去销售的，员工又没铺垫。"碰到这样的老板我真想反问她："平时不需要员工服务的话，哪来的客情消费大项目？"

郑院长，深圳某店

早上进店来得早的话，她就检查卫生，来得晚就检查顾客预约本；然后训人、躲禅室里上香或者和顾客谈心灵成长，再然后掏出手机，发大量的心灵鸡汤链接到朋友圈里，在微信里给姐妹好友点点赞。吃了午饭，人就不见了；或者吃了午饭，睡一个小时的午觉，接着找个美容师给自己做个项目。下午的时候，她就早早回家，老公在门口等了。晚饭后的时间，她就玩手机、继续发朋友圈，各种放松。

刘院长，湖北武汉某店

早上10点上班，打电话预约顾客或者给员工上思想课。

下午1点，开始吭哧吭哧给顾客做项目，而员工却还有闲着的。问她为啥，说顾客就要她服务，否则没业绩。然后，苦哈哈，自己成了店长，成了顾问，也成了美容师。问她给顾客做完项目要不要做点别的？她说："一天做两三个累死了，哪有力气做别的，回家！"但是她又每天发牢骚说好辛苦，对着我们埋怨员工不成长，对同行埋怨现在的员工好懒、好难管。

罗院长，广东东莞某店

早上10点多到店，检查卫生，看监控，接待顾客，聊聊八卦。遇到重点顾客时，她会耐心地陪对方聊聊天；然后继续看监控，看配料室哪个员工偷偷在这聊天，哪些员工用料多了，哪个顾客用料多了，盘算着要从顾客身上收取多少钱。下午在办公室里，她就闷着头看薪酬表，盘算着怎么省工资成本。

何院长，湖南长沙某店

该店是做整形起家的店，何院长天天闷在手术室，忙着做整形手术。店里几百个顾客，团队乱七八糟，客情差得一塌糊涂，她根本不管理，用整形而来的收益养着美容院。

……

在以上这些老板娘的日常工作里，我们发现：她们把时间精力都用在一些零碎的事务上，而没有用在目标上。

至少有 90% 的时间，花在与目标无关的地方。

至少有 90% 的工作内容，与自己企业的目标关系不大甚至毫无关系。

我们甚至可以感觉到，有几家店根本就属于完全没有目标的放任状态。

这样的美容院哪里会有希望？

你是这样的吗？

一个没有目标的美容院是没有希望的。

请记住：

在竞争加剧的明天，第一批会出局的店家都是没有目标的店。

第二批被淘汰的店家，是尽管有目标但是对目标不聚焦的店。

第三批被淘汰的店家，是尽管有目标也聚焦但没有系统的店。

互为前提的局

多年前某一天，台湾罗丽芬连锁集团的总裁罗丽芬女士在台上讲课，她开场的第一句话就是："美容院的管理是管什么？三个字：人、事、物。"那时我对美容院刚开始进行研究不久，是怀着比较崇拜的心情听罗总裁"国际化店务管理"的讲座。坐在台下的我听得还有些似懂非懂。不过却记住了罗总裁的第一句话，开始有了这么一个概念，美容院管理的核心就是：人、事、物。

历经多年后回过头来看，罗总裁的话依旧颠扑不破。只不过，在这些年的实战当中我们发现，实际上在经营好一个美容院的情况下，运营管理会变得更加细分。所谓人、事、物的说法，仅仅是一个总体的概括。

作为美容院的运营管理者，院长们在大多数的时候所处状态往往都是忙乱烦累、焦头烂额、顾此失彼。然而忙乱烦累、焦头烂额、顾此失彼这些都不算什么。最可恶的是另外一种错综复杂的局面，我们把这个局面称之为"互为前提"。

什么意思呢？即这个企业当中有很多问题需要解决。然而，要解决A问题的前提是必须先搞定B问题；要搞定B问题的前提又是必须先完成C目标；要完成C目标的前提是要先摆平D状况；要摆平D状况的前提是必须先提升E效率；然后要提升E效率的前提居然又是要先解决A问题……就这样绕回来了。

这样描述一番，大家应该明白了互为前提的局面是个什么状况。从A到E，一共五项问题相互缠绕，互为前提，互为因果。然而在现实当中经常会有更离谱的状态。问题的牵扯不仅仅是从A到E五项的缠绕，在E后面还有F、G、H等更多前提问题需要解决，会显得更加复杂多样化。要解决A问题需要走的弯路会更多、更远，直到最后才能搞定A问题。有不少人尝试过一项一项地去解决，于是陷入一件件具体的事务中，搞得筋疲力尽，最后把大量的精力和时间花掉了，而A问题却依旧坚挺。

有时候，院长们会发现自己陷入一个迷局当中。这个局还是自己给自己布的局，因为店是自己开的：面临的局面很复杂，问题很多并且相互交织。留给你腾挪的空间既狭小又局促，可利用的资源既稀缺又局限。搞不好，局面就会成为一个僵局；不去搞的话，局面就会成为一个死局、残局或败局。

互为前提的局面有一个特征，就是让人觉得无从下手。

有没有感同身受？往往这个时候，你会发觉脑子根本不够用。

也许有的人看到这么多“局”字相关的词组在眼前晃来晃去，就会觉得有些犯晕。那我们便举个例子吧。

龚院长：老师，员工流失怎么办？

我：美容师一个月拿多少钱？

龚院长：2000 元左右。

我：难怪不稳定，你给到 6000 元她就稳定了呗。

龚院长：可是，我开不起这么高的工资啊！

我：那没办法。一个月 2000 元，你还那么多要求，换谁都不愿意。

龚院长：那怎么办？

我：业绩高了，员工收入就高了，她们就不会乱跑了。

龚院长：怎么才能做高啊？

我：就凭你店里那些按摩一次百八十块的收费，到死也没有高业绩。

龚院长：呃……也是啊，那我卖什么好呢？

我：你怎么不看看别的店在卖啥？

龚院长：那些啊？好贵的，会伤客吧？

我：还没做就怕伤客，那你就等死吧。

龚院长：好吧我听你的。卖贵的，可是去哪里找什么项目到店里来卖？

我：顾客需求是什么，就卖什么。

龚院长：我不知道顾客需求是什么，哎呀，我想想……哎呀，我得问问员工。

我： 现有的员工几个人？做了多久？

院长： 4 个人，一个做了 4 个月，一个做了 2 个月，还有两个学徒做了 1 个月。

我： 那她们知道顾客需求是啥吗？

院长： ……应该不清楚……真正了解顾客的几个老员工都辞职了……

综上所述，我们总结了一下，美容院要想员工稳定必须先理清思路，如图 2-1 所示。

图 2-1　美容院员工稳定思路图

在上述对话中，龚院长在选择项目的环节上卡住了。

确实，很多美容院在选项目的时候不知道如何选。有的盲目地选了个项目，结果卖不好，业绩照样起不来。另外，员工没有方法也卖不出业绩，卖不出业绩就会对这个项目丧失积极性。于是院长们会觉得员工能力不够、激情不够，为了提升员工能力和调动员工的激情，又开始猛搞培训、猛打鸡血。如此反复折腾，培训到最后，员工觉得压力太大身心疲惫，又纷纷提出辞职，美容院又再次面临员工不稳定这个问题（如图 2-2 所示）。

似乎按照逻辑推理，图 2-1 和图 2-2 的因果关系是成立的。很多美容院院长在面临此类状况时，也是按照“发现问

图 2-2　员工不稳定的原因分析图

题、解决问题”的逻辑来进行决策的。为了满足 A 问题在 B 问题的方面去努力。最终为了解决人员稳定的问题选择在企业内大搞培训，但是结果未必让人满意。

为了留住员工，你认为应该从以上这些选项中的哪一项着手可以实现目的？请写下你的答案。

同时提醒一下，你开店的目的是什么？是盈利赚钱吗？那么，你的选择会促进盈利产生吗？又或者说，你今年的目标是什么？你选择的行动会对你的目标产生作用吗？

破局不能从问题下手

如果你想在美容院里建设一个生态运营系统，让你的美容院进入良性运作的状态，但是你的美容院当下的处境，又是陷入在互为前提的迷局中。在问题缠绕不清的当下，甚至是处于必须饮鸩止渴才能维系企业存活的当下，你该怎么建立这个生态管理系统？

首先要做的是破局！

但是，破局肯定不是在现有的问题上去做推理，肯定不是通过发现并解决问题链上的某个环节来实现的。在问题链上推理只会导致一个结果：需要你去解决问题链上的一串问题。而当你打算解决某个具体的问题时，暂且不说你能不能解决这个问题，却有很大的概率会制造出新的问题和新的麻烦。

这些年来，百达可以公司在给企业把脉时，遇到过很多病态经营中的美容院，其中有些就是每天饮鸩止渴，靠现金流苟活的美容院。我们多次面对互为前提且形态各异的迷局。在实践当中，我们得出结论：按照传统的思考方式——

发现问题，解决问题，头痛医头，脚痛医脚是行不通的。凡是从问题入手去做的人，最后的结果无非是制造出更多的问题来添乱罢了。我们的总结是：要破局，就绝对不能从问题下手。

在图 2-1 中，美容院为了解决一个人员稳定的问题，最后会做出 N 种事项。解决问题变成了她的目的。她把焦点放在了问题上，而不是放在企业目标上，更没有站在目标的角度思考自身的瓶颈究竟是什么。反正，她的企业的发展瓶颈肯定不是人员不稳定。所以说，她努力的方向是错误的。

事实上，破局，不能从问题下手，而要从瓶颈下手！

破局的关键，不能从问题下手，而要从瓶颈下手。

所谓瓶颈，百科上是这么描述的：一般是指在整体中的关键限制因素。生产中的瓶颈是指那些限制工作（效率或质量）整体水平的单个因素或少数几个因素。美容院的瓶颈就是那些阻碍美容院体系运转前进的因素。

曾看过一本名为《精要主义》的书，书里面引用了英国商业小说《目标》中的一个故事，该故事非常生动地阐述了瓶颈是什么，以及突破瓶颈后发生的变化。下面，我们把这个故事搬过来给大家看看。

主人公，一个叫罗格的男人，他接到了一个任务：3 个月内使亏损的小厂扭亏为盈。刚开始的时候，他看不到一丝可能性，被现实压得喘不过气来。后来一位教授指导他说，只要他能找到这家工厂的“瓶颈”在哪儿，就能在短时间内扭转现有的局面从而完成任务。教授还告诉他，就算他对厂里其他各个方面都做出改进，只要不能突破这些瓶颈，工厂就很难有实质性的起色。

在努力弄清楚这些话的含义的时候，他和他的儿子以及一帮朋友进行了一次徒步旅行。在旅行中，他负责在太阳下山之前把所有男孩都带到营地。所有参加过这种旅行的人都知道，让一群小男孩都以同样的速度行进并且不掉队，这是非常困难的。罗格很快就遇到了一个问题：有些男孩走得很快，而另一些却走得很慢。特别是一个叫赫比的小男孩，走得最慢。结果，走在队伍最前面的男孩跟赫比之间，距离相差好几公里。

为了解决这个问题，起初罗格用的办法是让走在前面的那些男孩子停下来，等等落后的那帮男孩。直到最后一个赫比到达，等到队伍聚拢以后继续前行。可是一旦开始前行，同样的差距就会再次出现。

因此罗格决定换一种方法。他把最慢的赫比放在队伍的前面，把其他的小男孩按照速度进行排列。从最慢到最快。虽然，把走得最快的人放在队伍的最后面是违反常理的做法。但是这么做，能够让这群人开始以整齐的步伐列队行进。每个男孩都能够跟得上自己前面的那个男孩。这样做的好处是，他马上可以看到整个队伍的情况，男孩们可以安全地同时到达营地。不利之处在于，这个队伍现在是以赫比的速度在前进，因此他们无法在太阳下山之前到达。那么，又该怎么办呢？

罗格找到的对策是，想尽一切办法为赫比减负。因为赫比在队伍的最前面，如果赫比每小时能走快 1 公里，整个队伍就能以同样的增速到达营地。

这个发现对罗格来说意义重大。赫比的任何一点加速，哪怕极其微小，也会对整支队伍的行进速度产生立竿见影的效果。因此，他把赫比的背包里的东西（食物、水、玩具、衣服）都拿了出来，并分给了队里其他人。这种方法马上奏效，队伍行进速度立刻加快。他们最后提前到达了营地。

罗格仿佛从中顿悟，明白了如何运用这种方法来让自己的工厂扭亏为盈。他不再费力去改变厂里的一切状况，而是找到其中的“赫比”：工厂运行流程当中最慢的那个部分。为了找到这个“赫比”，他找出了材料堆积最多的那台机器，并想方设法提高它的效率，这还反过来促进了倒数第二个“最慢行进者”提高效率。以此类推，整个工厂的生产效率都得到了提高。

这个故事非常生动地告诉了我们，瓶颈是什么；还告诉我们，如果不突破瓶颈，就算罗格对厂里其他各个方面都做出改进，工厂都很难有实质性的起色。

换句话来说，假如美容院各个方面都做出改进，比如培训改进、服务改进、手法改进、接待流程改进、店务管理改进、促销方案改进、销售套路改进……能改的地方都改进了，但是，只要瓶颈没有突破，互为前提的局就还会存在，生态运营系统就无法建立；美容院就会始终处于无序盲目的病态当中；困扰人的各种问题就还会继续，并且永远搞不定！

亲爱的院长，你的瓶颈在哪里？你可以把书合上思考一下，你的瓶颈是什么，阻碍你美容院整个体系运转前进的因素是什么？它躲在哪个角落里拖着企业的后腿？把你想到的一切制约美容院发展的因素先写下来，也许有一个就是你的瓶颈，就是你的“赫比”。

你的瓶颈到底是什么

瓶颈是对应目标而存在的。假如一个美容院从来都没有目标，那么它的瓶颈是什么恐怕只有鬼知道。而要找到瓶颈，首先要明确目标是什么，因为没有明确的目标，就无法定义具体的瓶颈。

不同的院长有不同的情怀或理想，所以不同的美容院有不同的目标。有的院长目标是想做成连锁企业，有的是做成高端会所，有的不在乎企业规模大小有钱赚就行。但是无论你最终的目标是什么，你都需要有一个非常明确的业绩目标来牵引你的企业发展。因此，我们将所有美容院的目标定义为业绩来论述。这符合大多数美容院的需求。

任何一个企业都有问题，企业越大，问题越多。中国移动、百度、阿里巴巴面临的问题一定比你的美容院多。但它们的运营者不会去想着解决所有问题，也不会就问题看问题。任何企业解决问题的目的，都是为了企业发展，而衡量发展的核心指标是业绩能不能持续增长！所以，判断一个问题要不要解决的关键在于，解决这个问题对于你的业绩增长有没有决定性作用。这就是所谓的瓶颈，而瓶颈则是当下的运营重心！

上一节留了一道思考题，让阅读本书的院长去找自己店的瓶颈。但是很多人找不到真正的瓶颈，你找到的所谓"瓶颈"恐怕都是假的。怎么来辨别你找到的瓶颈是真是假，你只需要思考一下，解决了它业绩是否会井喷？不会井喷就是假的。

我们把瓶颈分为几类：

第一，美容院的战略瓶颈——业绩。

第二，当下的版块瓶颈——销售、服务、客情，等等。

第三，意识上瓶颈——盲目决策。

在此我们提倡，把眼光盯在业绩上，把意识锁定在目标上，把好钢用在刀刃上，把力量聚焦在瓶颈上。每个阶段的瓶颈，就是每个阶段的运营重心。

业界有一句很流行的话——业绩治百病！挺有道理的。一旦业绩有成倍的提升，很多问题会消失，即使不消失也不会突显得很尖锐。“业绩治百病”这句话，我们听很多院长说起过，每当听到有院长说出这句话的时候，我们心里就会忍不住发笑：你说得对，可是业绩怎么做你知道吗？搞一场活动暂时性地拉高业绩恐怕很容易，但拉高以后要保持不下跌才行。“业绩治百病”所指的业绩可不是偶然间做到的业绩，而是持续稳定的高业绩。只有持续且稳定的高业绩才能消除现阶段的各种问题。

假如美容院的目标是业绩，瓶颈就是制约业绩不高的核心因素。那么制约美容院业绩的核心因素是什么，我们必须要把它找出来：干掉！

美容院的瓶颈究竟是什么？就在以下选项当中。

是员工能力不强，还是销售卖手没有努力，是顾客到店率太低，还是买单人数太少？是销售真的很难，还是客情关系太差？是企业文化不健康，还是管理者思路不清晰？是组织架构不合理，还是岗位职责不明确？是销售技巧太笨拙，还是项目结构有缺失？是项目营销没套路，还是临门一脚缺乏力度？

举个例子：你的店有 200 个顾客，常买单的顾客有 40 个，也就是我们常说的，20% 的顾客成就 80% 的业绩。大多数美容院看见买单人数少就会去拓客。可是如果你的成交和开发能力只有 20%，拓进来的顾客又怎么能带给你惊喜？所以，这类美容院的瓶颈就是买单率，当下的运营重心不是拓客，而是如何提升买单率。

蔡院长的店一年做了三次拓客。98 元的门槛，顾客可以做 12 次。三次拓客，多的时候能拓到上千名顾客。每次大量顾客进店，美容师们都看到了希望。但是问题紧接着来了，顾客进店后根本不再花钱，她们纯粹就是来占便宜的。美容师对顾客推荐原价 2980 元现价 1980 元 48 次的疗程卡，顾客不买。而美容师们一个个辛苦得要死，即使销售出去了 1980 元的卡项，她的提成也仅仅是 100 多元。由于美容师无法成交顾客，也就无法赚钱。很多美容师萌生了辞职的念头。服务也开始变得不上心，服务质量直线下降。整体情况可以用病态因果链条表达，如图 2-3 所示。

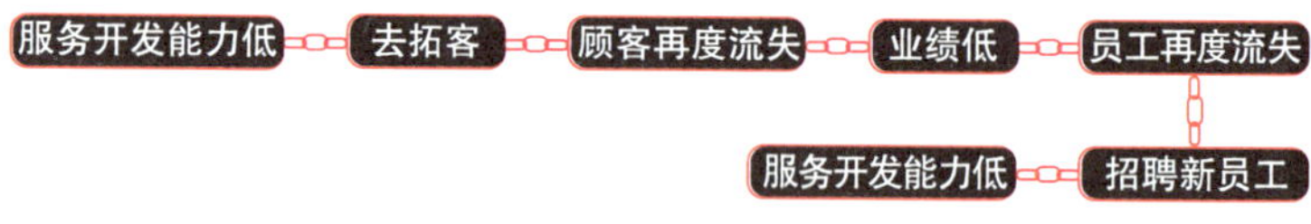

图 2-3 病态因果链条

怎么办？蔡院长个人反思：自己拓客的途径出了问题，应该去银行、事业单位去拓一些有质量的顾客。她的决策是继续拓客，拓有质量的顾客。百达可以公司接到这个案子以后，发现顾客进店后的成交是个问题。无法成交导致美容师丧失信心又是一个问题。为此，咨询师下了一道命令，向所有人宣布：1980元的疗程卡优惠结束，恢复原价2980元不再打折。同时，对于美容师实施了一项前所未有的激励政策：新顾客如果成交一个2980元的卡项，美容师奖励1000元。于是美容师疯了，每来一位新顾客都特别用心地对顾客服务，力争成交2980元的卡项，结果，当月成交166位新顾客。这类情况可以用生态逻辑链条表达，如图2-4所示。

服务开发能力提升 → 顾客满意率提升 → 买单率上升 → 业绩提升

图 2-4 生态逻辑链条

运营重心不同，结果就不同，对吗？

做个总结。

想要破局，不从问题下手，而要从瓶颈下手。可以分为以下三个步骤：

第一，明确自身企业的目标——你想做多少业绩？

第二，找出整体目标推进受阻碍的因素——你的瓶颈是什么？

第三，拼尽全力打破瓶颈——行动步骤，调集资源，努力打破。

百达可以公司在辅导美容院成长的过程中，通常都是先突破核心瓶颈，致使各项指数发生变化。我们关注、观测的更多的是软数据软指标。比如：员工的变化、老板的变化、战斗力的提升、组织架构的变化、卖手的成长、客情的指数、协作能力的提升等。当然，我们也关注买单人数的提升、业绩的提升、客单价的提升。

不过，美容院院长们比较关注业绩指标这一项，似乎只有业绩提升了才能证明跟百达可以公司的合作是他们正确的决策，对此我们表示理解。因此，我们通常辅导一个企业时，会先在突破瓶颈的过程中把业绩拉高，有时业绩会产生好几倍的井喷现象。当业绩发生突变后，才能比较从容地进入下一个层级的深度辅导，把生态运营系统真正地搭建起来。

CHAPTER3 • 第 3 章

高业绩的组织架构

- 从石墨到金刚石
- 有架构、无产能
- 职业卖手有多重要
- 警惕完美主义

从石墨到金刚石

我们熟悉的金刚石，是由碳元素构成的。

我们所熟悉的石墨，也是由碳元素构成的。

金刚石就是钻石，质地坚硬，美丽耀眼。历来都是被歌颂、珍爱、收藏、传承的宝石，是奢侈品。石墨则是一种很平常、很廉价的原材料，质地柔软，乌漆墨黑。通常在机械工业中，石墨被作为润滑剂使用，也会被人们用来做铅笔芯之类的。

前者很显赫、耀眼，后者很平凡、暗淡。但二者的元素却是一模一样的，都是C，都是碳元素构成的物质。二者的不同之处在于，在金刚石内部，碳元素的分子排列方式是三角形的排序。在石墨内部，碳元素的分子排列方式是六边形的排序。物理学告诉我们，三角形比六边形更具有稳定性，因此，钻石坚硬到无与伦比，石墨柔软到成为润滑剂。就是这样的原因，让它们外在的形态及作用天差地别。

有意思的是，现代社会为了满足大量金刚石的工业需求，人们采取了人造金刚石的方式，即用石墨去制造金刚石！在制造过程中，人们采用高温、高压的方式迫使石墨的分子结构发生改变，让石墨的分子结构由六边形变成三角形。于是石墨变成了金刚石，润滑剂变成了钻石。碳元素依旧是碳元素，但石墨却不再是石墨。因为排序不同，所以区别巨大。

现在我们来看美容院。

站在架构的角度来看，美容院的员工其实就相当于碳元素 C。而美容院的组织架构形式，则相当于这些元素的排列方式，就好像石墨与金刚石一样。少数美容院是钻石级别的排序，多数美容院则是石墨级别的排序。同样，只要通过科学有效的调整，让人员在架构上重新进行排序，则能够让美容院也出现石墨到钻石般的蜕变，而蜕变后的美容院则具备强大的业绩产出能力。

元素是不变的，员工还是员工。因为排序不同，所以区别巨大。

假如有两个美容院，在顾客人数、员工人数、硬件设施、商品或服务价位、所处的商业环境等都均等的情况下，石墨级架构的美容院肯定业绩平平，而钻石级架构的美容院，业绩则可能是前者的数倍不止。

此外，钻石级架构的美容院，其在服务质量、客情关系、顾客满意度、员工收入、员工稳定性、店内生态环境、发展潜力等方面都将远超石墨级架构的美容院。

旧元素的新组合，产生的质量变化非常巨大；

旧人员的新架构，产生的业绩变化非常可怕。

要建设生态运营系统，必然先要学会搭建一个钻石级、高产能、高业绩的组织架构！

有架构，无产能

架构，是建设生态运营系统的条件之一。

组织架构的类型很多，诸如扁平化、垂直化，矩阵型不一而足。在百达可以公司的观点中，美容院的架构只有两种：一种是低业绩产能的架构；另一种是高业绩产能的架构。什么样的组织架构是好的架构？衡量的标准就是业绩产能的高低。比较遗憾的是，当前大多数美容院的组织架构都属于低业绩产能的架构。我们来看看当前中国美容院架构类型的现状，大致可以分为三类：

第一类，架构不健全的美容院，这种店占了80%。

第二类，架构太臃肿的美容院，这种店占了15%。

第三类，架构较合理的美容院，这种店只有5%。

前两类架构的美容院，属于业绩不高、业绩不稳、内部问题众多的美容院。第三类美容院比较特殊，也可以分为两种：一种是业绩稳定的，这种通常有系统支撑；另一种则是业绩不太稳定的。接下来我们将对以上类型的美容院逐一展开分析。

美容院最常见的基础岗位有三个：店长、顾问、美容师。因而，最基础的架构应该是店长 + 顾问 + 美容师的组合。一家店在三个岗位上应该都有合适的人员才对。假如你想把店开好，首先这个基础架构要搭建起来，所谓钻石级的高业绩的组织架构，也是靠这个撑起来的。但是我们常见的美容院架构往往是这样的：

1. 院长带一群美容师，没有店长、没有顾问（缺乏管理、缺乏专职卖手）。

2. 院长带一个店长和一群美容师，没有顾问（缺乏专职卖手）。

3. 院长带一两个顾问和一群美容师，没有店长（缺乏统筹管理）。

以上三种美容院都是架构不健全的，并且这样的美容院放眼望去比比皆是。

店长、顾问、美容师三个岗位，我们称之为美容院人事金三角，每个岗位必须要有。

就好像吃一顿饭的配置，应该有饭、有菜、有汤是一样的道理。当然，没菜、没汤只有饭，也能吃得饱，不过吃久了味觉会退化。如果只有菜却没饭、没汤，也能吃，但总会觉得没吃饱。而如果只有汤的话，光喝汤肯定会营养不良。就连广州最普通的茶餐厅 18 元的套餐，都知道把饭、菜、汤给顾客配齐了，而你做一个美容院，最基础的人事金三角还缺胳膊少腿。这是不应该的。

在人事金三角上，无论是店长、顾问还是美容师，如果哪个岗位缺人，你就应该补齐。但是，很多店在补齐岗位人员这个点上会屡屡碰壁。有的院长知道自己美容院的架构有缺失，她也在努力补充，但却在用人上屡屡受挫。受挫的原因通常都是不清晰选人、用人的标准。在不清楚各个岗位用人标准的情况下，去聘用一个人必然容易受挫。而有的院长因为屡次用人没用好，最后就干脆不用了，所以明知自己美容院的架构有缺失，却也得过且过地将就着。百达可以对美容院招人、用人、选人的情况做了一些总结。诸位院长且往下看。

招人，总是要求完美

举个例子。譬如你有一个新店装修好了准备营业，你必然会考虑人员的配置。按理来说，你应该清楚你的店该设立什么岗位，设好岗位后，你应该清楚每个岗位需要配多少个人。但是很多院长在这里却变得没有标准了，往往是看别人的美容院怎么设岗位，然后自己也怎么设。

设立岗位以后，你应该有个明确的人员选拔标准，就是什么类型的人员安排到什么岗位。具体的选拔标准你应该清晰。但是往往在这个点上，很多院长也是比较模糊的。因为模糊，就会提出不恰当的用人要求和选人的标准。比较典型的是对员工的要求显得过于理想化，简单来讲就是要求太高，有的甚至高到逆天。但奇怪的是，很多院长们并不觉得自己要求很高，甚至认为一点都不高。在此，我们从公司资料库里提取一段采访对话给大家看看。这是公司肖老师跟江苏某店潘院长的对话。

肖老师：潘总，请问你对店长的要求是什么？

潘院长：店长啊，那得形象好、气质好，还得有责任心，还得会销售，要懂专业，要会手法。

肖老师：那你对顾问的要求是什么？

潘院长（想了想，又说）**：**顾问嘛，形象气质得好吧，得有责任心吧，要会销售吧，还得懂专业吧，手法也一定要好吧……

肖老师：那你对美容师的要求呢？

潘院长：美容师啊，形象好、气质好，有责任心，会销售，懂专业，会手法。

肖老师：……

潘院长（叹了口气）**：**肖老师我跟你说，现在人真的很难招聘啊，很少有让人满意的。尤其是 90 后，也不知道她们这些小孩子都在想什么……

肖老师：我打断一下，潘总，你有没有发现你对员工的要求过高了点？

潘院长：高？我的要求不高啊。

肖老师：那你有没有发现，你对顾问跟对店长的要求是一样的？

潘院长：嗯？是这样吗？……

肖老师：当然。不但如此，同时你对美容师的要求，跟对顾问、店长的要求也是一样的。

潘院长：啊，不会吧……

肖老师：你说的每句话我都用笔记下来了，你自己看看。

潘院长沉默了。我们平心而论，这些要求还不高吗？说句玩笑话，别说开美容院了，就算开个妓院也没这么高的要求吧？诸位院长你们有没有想过：当一个员工形象好、气质好，有责任心，会销售，懂专业，会手法，样样棒的话，她差不多可以自己当老板了，那她为什么要给你打工？有些院长对员工的要求，就像很多大龄剩女对择偶对象的要求一样，她们幽怨地讲：其实我对另一半的要求一点也不高，只要他有一米八，皮肤白净，五官端正，本科毕业，有房有车，独生子，爸妈有退休金，会做饭，爱干净，不抽烟喝酒，月入八千元，跟我有共同爱好，能对我好，我就满足了，别的我什么也不奢求！这还叫要求一点也不高吗？高到逆天了已经！那样的男人完全可以找个比她年轻 8 岁的漂亮姑娘。

诸位院长，当你抱怨美容师样子不漂亮、说话不讨喜的时候，有没有想过你给人家开多少薪水？通常你们开的底薪不是 800 元就是 1000 元，请问这个薪水能吸引来什么样的人呢？只能吸引到一些村姑，吸引到那些家在农村刚进城的小姑娘，对不对？真不知道你有什么好抱怨的。另外，让一般的员工创造非一般的价值，其实是每一个优秀老板该做的事情。认同吗？让我更加无法理解的是，你为什么要求员工个个优秀、样样全能呢？你是想给自己培养竞争对手吗？

选人，总是错位选拔

很多店，在对人员的选拔标准方面非常可爱。怎么个可爱法？就是一个美容师做得很优秀的时候，就把她提拔上来做顾问。当一个顾问干得很优秀的时候，就把她提拔上来做店长。即使这么干有很多坏处，大家仍然这么干。

于是问题就出现了：比如一个美容师本来干得挺好的，工资也拿得挺高的，你非要提拔她做顾问。结果她个人业绩没有提升反而下滑了，她的工作出现了不适应性，最后她甚至想要离职。提拔顾问做店长也是一样，换了岗位以后找不到感觉，无所适从，业绩也下滑。我们见过太多员工的离职是因为升官给升的。真要把人用好的话，你从现在开始放弃这种直线思考的方式。什么叫直线思考？就是看到美容师干得不错就提拔她当顾问，看到顾问干的很有感觉就提拔她做店长。这是不科学的。

有过这种员工升官反而升出麻烦来的经历的院长，你有没有想过：你那个很厉害的美容师，她过去的业绩之所以会那么高，完全是她服务出来的。她被你提拔成了顾问后，脱离了服务，光用嘴去销售她完全不适应。于是新岗位会带给她很多挫折感，严重的话她就会想辞职。原本好好的一个员工就这样给毁了。试问，哪怕这个美容师最后没有辞职，她能顺利地进化成一个很职业化的顾问吗？显然不太可能。

尤其是，很多院长喜欢把手法特别好的美容师提拔上来做顾问！毁掉一个优秀美容师也就罢了，还让店里的服务水平直线下降。你提拔她的原因是不是考虑她手法好，可以培训其他新人啊？如果是，你等于把顾问当成技术主管了来看待了。请问，顾问跟技术主管是一回事吗？肯定不是。那么究竟顾问能不能在美容师里选拔？当然能！只不过，不能把选拔标准定在做得好的美容师这个框框里。那种性格比较内向同时技术好的美容师，更是不应该提拔上来当顾问。

诸位院长，如果你抱怨某个顾问不给力，或者抱怨顾问岗位没有好的人选时，是不是也应该反思一下自己犯的错误呢？而那个本来业绩很好的顾问，被你升官变成店长以后，她发现自己只会销售不会管理，完全茫然、无从下手，很快就在人事方面遇到了各种工作阻碍，最后也是搞得一身挫败感。试问，这个顾问就算勉强留在店长的岗位上，她能顺利地成为职业化的店长吗？显然也不太容易！

选什么人，做什么事，安排什么岗位，要根据岗位的性质来决定。作为院长，要根据员工的特点去综合考虑。假如你的选择标准混乱不清，那么你的美容院的组织架构必然会缺失，会不给力，会低产。

职能，总是不清不楚

也许看完上一节内容，有的院长必然会问：店长、顾问、美容师三个岗位应该选什么样的人来担任？首先，你要清楚地界定这三个角色的职能：店长做管理，顾问做销售，美容师做服务。但是很多美容院并不是这样界定职能的。

很多美容院的销售是：店长做销售，顾问做销售，美容师也做销售。

很多美容院的服务是：美容师做服务，顾问做服务，有时店长也做服务。

很多美容院的管理是：院长管美容师，店长管美容师，顾问也管美容师。

有点晕！有点乱！是不是有点又晕又乱的感觉？

诸位院长，你能看出问题所在吗？角色重叠，一件事情好几个人都在干，对吗？

这说明：分工不明确。分工不明确就意味着：责任也不明确。甚至会导致：利益分配不明确。那这样干活能干好吗？能干得有多好？干得再好也有限！认同吗？

先说销售。很多店的销售工作是店长、顾问、美容师都做，结果时常会发生店长跟下级员工抢业绩的现象。一个顾客成交了，原本大家应该是开开心心的。结果，在谁拿多少提成方面吵得不可开交。顾问说这是“我的业绩”，美容师也说是“我的业绩”，店长也跑出来说“这是我的业绩”。作者亲眼看到过，员工为了分业绩可以分到打架的程度。遇到这样的情况，你烦不烦？

再说服务。很多店明明有顾问，却定位模糊。顾问除了销售以外还要做服务。结果，导致工作没有重心。譬如一个下午来了 6 个顾客，原本顾问应该和每个顾客去沟通一番的，一来可以维护客情；二来能够做点业绩。但是顾问还要做服务啊，于是她一个下午就待在一个房间里根本没出来，白白错失了对其他 5 个顾客的销售机会。有时候忙不过来，店长也钻进一个房间吭哧吭哧给顾客按摩，该做的事情全都丢到了一边。

再来说管理。很多店是院长管美容师，店长也管美容师，顾问也管美容师。于是美容师可悲催了，每天要面对三个领导。美容师会不由地感叹：哎呀，心好累！哎呀，心好累！哎呀，心好累！试问谁愿意每天被三个领导呼来喝去的？在这样的管理氛围下，美容师要么动辄得咎，一无是处；要么畏首畏尾，无所适从。她的工作热情很容易消退，主观能动性更是无从谈起。

既然你的店角色这么重叠，职能这么模糊，那还谈什么岗位分工呀？分工了跟没分工一个样。你先是错位用人，然后是角色重叠，最后是分工混乱职责不清。你有没有想过这会导致什么样的局面？导致的局面是你的店整体效率低下、服务水平低下、销售能力低下、产能低下、业绩低下！最后，你的店将会成为一家职业化程度不高的店。职业化程度不高的店还能称之为专业美容院吗？

而这些责任都可以毫不客气地推到院长身上，说这话一点都不冤枉你！

希望院长们能记住：**架构的功能是用来细分岗位的。岗位的功能是用来界定分工的。**

那么店长、顾问应该选择什么样的人来担任？

理想状态就是店长负责管理，顾问负责销售，美容师负责服务。那么根据这三个岗位的职责，选店长应该选那种相对有耐心的，执行力强的，情商高的，最重要的一点是，对企业忠诚度高的！当然，如果遇到做事有计划、有步骤、有思路的店长，那就算你捡到宝了。

顾问选什么样的呢？爱说、爱讲、爱笑、爱闹、爱八卦、自来熟、胆子大的那种姑娘最适合当顾问。她也许是个干活经常偷懒的美容师，做美容师做得不咋样，手法技术也一般。但这种性格的姑娘能搞客情，会来事儿，会搞气氛，嘴甜能哄顾客开心，卖起货来胆子大，敢讲，多贵的东西都敢卖。这就是典型的做顾问的好材料。

还有一种人很适合当顾问，就是结过婚离异独自带孩子的那种。有过婚姻更加懂女人，独自带孩子说明她有一定的经济负担，赚钱的欲望会相对强烈。因而，她跟顾客打起交道来会比小姑娘更加走心，她做起销售来会比小姑娘更加用心。

选美容师就只有一个要求：愿意踏踏实实练好手法，愿意用技术和服务征服顾客，赢得职业荣誉就好了。

美容师，总被赶鸭子上架

服务需要专才，美容师的定位就应该是个服务专才的角色。

但是在很多美容院，美容师的定位都是：既要做服务又要做销售。如果你的店也是这样，我们可以非常武断地下结论：你的店业绩必然不高。为什么？来看看美容师的销售情景。

第一种情况

你可以私下调查一下，问问你的美容师有没有说过这样的话："姐，这个是新产品，我还不知道效果怎么样，等看到效果了，你再掏钱买吧。”如果说没有，那才见了鬼！据调查，90% 的美容师都干过这种事！为什么？因为做服务的永远怕伤客！美容师跟顾客之间的关系注定了她会站在顾客一边，替顾客着想。原本顾问或者店长已经跟这个顾客沟通得差不多了，假设这个时候美容师说句正面的话，这个顾客就可以成交了。但是结果很遗憾，她让顾客先别买，只好等下次再说。

第二种情况

有的美容师不愿意开口说话，只愿意做好服务。但是，她们经常被你逼着开口去销售，甚至被迫参与各种销售培训，被迫参与销售的 PK。于是她们被迫开口，实在是勉为其难。她们的内心没有丝毫工作的愉悦感。有些美容师就因为这个原因，觉得工作压力太大，选择辞职。因此店内人事不稳定，业绩自然受影响。也许她是个技术很好的美容师，走了真是可惜了！

第三种情况

有的美容师不愿意开口说话，迫于你的各种要求去开口了。但是，由于她不是专职的销售人员，她的销售经验、销售能力都有限，她做销售的职业化程度很低。因为水平不高，所以导致明明一个顾客可以成交 3 万元，被她一讲最后只成交了 3000 元。这种情况在各大美容院里比比皆是。

第四种情况

有的美容师天生不是做销售的料，但是被你反复要求只好听从。于是，她只好生搬硬套地学了一些销售话术和技巧，用非常笨拙的交流方式去生硬地销售，跟顾客沟通的过程中丝毫不走心，有时几乎就是在强硬推销。最后招来的，无非是顾客的反感甚至恶感，把顾客给得罪了。美容师没有流失，而顾客流失了。这样的情况也是司空见惯。

一家美容院的岗位分工不明确，基于以上四种情景，业绩又能高到哪里去？

其实赶鸭子上架，不如赶鸭子下水。美容师的定位就是服务，尤其是那些天生性格内向的女孩子。如果不爱销售、不爱开口，就别逼她了。你要她做一个八面玲珑的销售高手，违背人性啊，江山易改、本性难移听说过吗？就算你逼她开了口也不一定就能做出业绩，有时甚至不开口更好。本来能成交的，给那个不会说话的一说就黄了。对美容师的要求只有一个：手法好，认真服务好顾客就行了！不然会把人逼走的，现在招个美容师不容易呀，院长你说呢？

赶鸭子上架不成功，说明：**你的架构有缺陷，你的岗位职能很混乱，你选人的标准有偏颇，你用人的意识有盲区。**

职业卖手有多重要

遇到业绩不高的时候，很多院长总爱盯着美容师，寻思：你们怎么不努力干活？你们怎么不努力销售？你们的嘴巴怎么那么笨，不会说话？你们的情商怎么那么低，不会察言观色？每当业绩不高的时候，有些院长就会对员工恨铁不成钢。觉得自己员工的能力不足，于是想办法提高员工的销售能力，想办法撬动美容师的嘴。

很多美容院院长在这个时候，都是思考员工的问题，而不是思考企业架构上的问题，非要把一碗白米饭做出红烧肉的味道来。这感觉就像是在死胡同里发足狂奔，结果必然会撞到南墙。美容院人事金三角，店长、顾问、美容师就像一顿饭的配置一样，有饭、有菜、有汤，如果你只有饭没有菜，麻烦你去做一道菜来行不行呢？

业绩不高确实跟销售人员有一定的关系，跟销售人员是否专业有关系。百达可以公司认为，销售卖手，也就是顾问这个岗位是最重要的角色。因此，在服务店家的过程中，遇到没有顾问岗位的美容院，我们通常会要求将顾问角色补齐。而补齐的方式，要么就在美容师团队当中选拔合适的人员担任，要么招聘空降的新人来担任。

很多美容院长会错误地认为：提拔顾问会增加店内的成本。因此，她们往往会主观忽视了顾问的作用。为什么院长会有这样的想法？例如，某个美容师底薪是 1000 元，原本她既能服务又能销售。这个时候要提拔她做顾问，必然要把她的底薪也略做调整，譬如增加到 1500 元。有的院长就会觉得心疼：成本无端地增加了 500 元 / 月，一年就是 6000 元的成本增加。我不干！

如果这个美容师被提拔成顾问后，要求她是全职销售，不再做技术服务。院长的心就开始疼到滴血，她会算账：还不做服务？那提拔了她店里就少了一个服务人员，为这我还得再去招聘一个美容师。一个美容师底薪 1000 元，年度成本又增加了 12 000 元，前后无端增加了 18 000 元的运营成本，这不是没事找事吗？我不干！

你也是这样思考的，对吗？有的人是，有的人不是。

百达可以团队下店时，有时提拔顾问可不止一个。有时是 2 个，有时是 4 个，最多的时候我们在一个连锁店里一次性提拔过 32 个顾问。我们服务过的客户从来没说过“我不干”这样的话。因为强大的事实摆出来，所有的院长都选择了相信并执行！

卖手就是顾问。

职业卖手就是只做销售的顾问。她们究竟有多重要？来看两个案例。

浙江×夫人美容院，是一家单店，面积800平方米，员工人数18人。其中，店长1人，顾问3人，美容师14人。店内有效果顾客约500人，年度业绩650万～700万元。就硬件设施来看，该店是当地最好的美容院。此外，该店所在的那个城市非常富庶，民间产业发达，当地老百姓特别有钱。然而在这样得天独厚的环境下，该店的年度业绩却只有700万元左右。（客观说700万元也不算低了）

百达可以公司肖薇老师接到该店的案子以后，奉命下店搭建系统。做完数据诊断之后她发现业绩不高的一个重要的原因是：客人太多，多到员工们根本没时间一个个地去对她们进行销售。一天来店的顾客最多的时候能有近40人，少的时候也有近30人，在客流高峰期，店内床位明显不够用，很多顾客根本约不到位。

肖老师针对该店做了几项调整，此处着重介绍一下组织架构上的调整。肖老师经过诊断发现：该店仅有3名卖手，是业绩无法突破到千万级的最大瓶颈。针对客流量巨大，店内卖手严重匮乏这个情况，肖老师当下决定提拔6名顾问，在卖手岗位排兵布阵，实现在职顾问9人。同时明确一点：顾问必须全职，不允许做服务。

这个动作让很多人都无法理解。

也许此刻看书的院长就会有这样的迷惑：本来客流量就那么大，店里人手就匮乏，顾客排队都约不到位，居然还要把6名美容师抽调出来做顾问？你们安的是什么心啊？还不允许顾问做服务？是疯了吗？那你们倒是说说谁来做服务？

剩下的美容师哪里服务得过来？美容师要是累倒了咋办？美容师要是太辛苦闹辞职咋办？美容师少了，那些排队的顾客越来越多咋办？要是顾客、员工都抱怨咋办？长时间约不到床位的顾客流失去了别家美容院咋办？这么多的问题，你们说咋办？！

说什么呢？还是就用结果来说话吧。

这家店请肖老师的目的，是希望业绩能冲破 1000 万元。因为过去他们无论怎么做，业绩都是在 600 万～700 万元之间徘徊。在本书的第 2 章里我们强调过：要破局，不能从问题下手，而是要从瓶颈下手，还记得吧？那咱们就按照这个思路，只关注瓶颈，不关注问题来看这个企业就好了。

肖老师所做的，只是发现瓶颈、打破瓶颈的一个动作罢了。这个貌似简单的动作，但产生的结果却是：该店的生产力发生了非常大的变化，一年的业绩直接跨越到 2000 万元以上。从 700 万元至 2000 万元的业绩跨越，有七成是源于组织变革的作用。可以肯定的是：假如没有这轮组织变革，想从 700 万元冲上 2000 万元是绝对不可能的。至于人手不足之类的问题，自然消灭在业绩提升的过程里了。

旧元素的新组合，产生的质量变化非常巨大。

旧人员的新架构，产生的业绩变化非常可怕。

什么样的架构产出什么样的业绩，就这么简单。

以上介绍的是一个单店的案例，现在再来看一个连锁店的案例。

在山西太原有一个名叫A姑娘有着8家分店的连锁美容院。这个连锁店开了也有十来年了，业绩始终在1200万元/年上下徘徊。这个连锁店有个特点，床位是传统型的大通铺，一个房间里并列摆着10多张床。这种店现在已经很少见了。由于这个连锁店的客流量巨大，导致所有人员都要为顾客服务做项目，店长也只是徒有其名，她依旧像美容师一样每天要服务做项目。最忙碌的时候，一个美容师一天居然可以操作20位减肥的客人。

难得的是尽管美容师这么辛苦，业绩不高也赚不到什么钱，但由于该连锁店企业文化做得很棒，员工流失率却很低。但多年来的业绩持续走低，使得该连锁店迫切期望能够转型。百达可以公司在2014年年底接了这家连锁店的案子，并派出首席咨询师张欢老师负责去该店搭建系统。

张欢老师下店后做了一系列动作，而组织变革就是其中之一。这个变革的核心是：一次性从美容师当中提拔32个人担任顾问，并且也是专职，不许做服务。也亏得这个店员工人数众多，能够一次性抽调出32个人来担任顾问角色。

任命32个顾问？听起来非常疯狂。

这么做，店里的服务能力会瞬间下降。但是合不合适看结果，对吧？聚焦瓶颈，不聚焦问题，依旧用结果来说话。这么做的结果是：张欢老师接管该店后，仅仅花了6个月的时间，就完成了2100万元的业绩。从每月100万元左右的业绩提升到每月300多万元。在整个过程中，该店没有引进任何新的产品项目，也没有做任何促销活动，更没有开一次终端会议。仅仅用该店两个很基础的产品项目和一个内衣项目，就轻松斩获了这个结果，完全实现了不打折、不促销、不开会，只靠系统运作翻几倍业绩的目的。

对比一下：从经常搞促销一年 1200 万元的业绩，到不做促销半年 2100 万元的业绩。相比这个结果，抽调 32 个人员出来不让做服务算很大的事儿吗？这个案例一样能看到组织变革的威力。可以肯定地说：假如没有这轮变革，想把业绩从每月 100 万元冲到每月 300 多万元是绝对不可能的。还是那句话，什么样的架构产出什么样的业绩。

插个题外话。对于这个结果，这家店的老板是很满意的。但张欢老师不满意，她认定这个企业的年产值可以做到 6000 万元，认定每个月能做到 500 万元以上。为此，她在公司内部召开了案例研讨会，还逼迫几个同事一起陪她熬夜思考下一步的破局点。

以上两个案例，肖薇老师和张欢老师所做的工作里，都为她们所辅导的美容院追加了专职卖手的人数。她们的所作所为，其中有一个非常朴素的道理，那就是：卖东西的人越多，卖掉的东西也就越多。

也许有人会说：难道这两个店以前卖东西的人不多吗？全部美容师都在卖呀！是啊，以前卖东西的人的确是多，但她们全都是美容师。没有一个是全职的职业卖手，都是美容师在做业余的兼职卖手，因此全部人员都是业余水平。试问 18 个业余选手能打得过 9 个职业选手吗？试问上百个民兵，能打得过 32 个特种兵吗？这就是区别啊！

美容师销售模式如图3-1所示，顾问销售模式如图3-2所示。

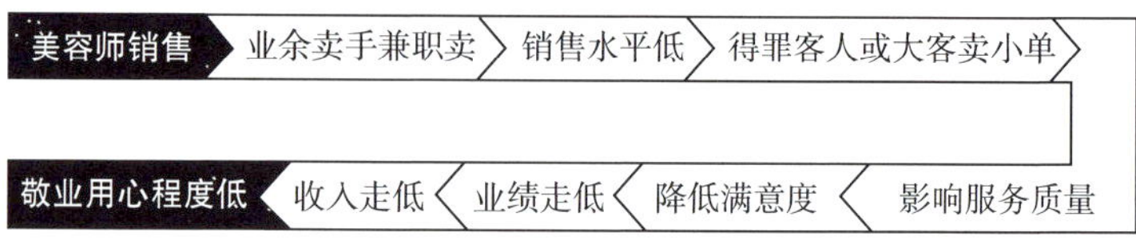

图3-1 美容师销售模式

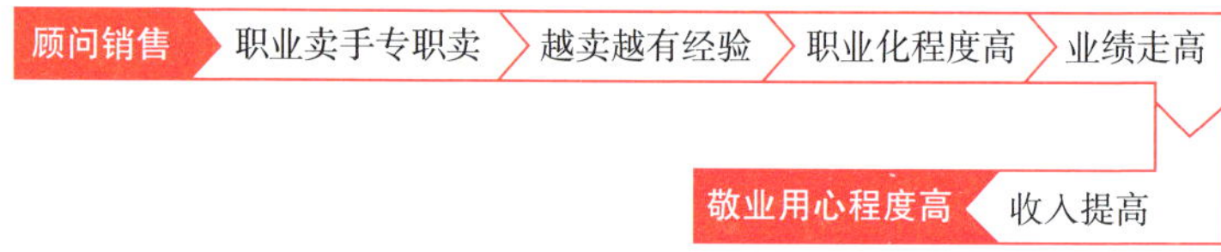

图3-2 顾问销售模式

看到这里，有的院长不禁要问：我的美容院是不是只要有了职业卖手，有了顾问，业绩就一定能提升呢？

答案是肯定的！

但是，很多院长还是想不通，因为她们的店里正好有顾问这个岗位，因此她们心里觉得迷惑：我的美容院的架构里也有顾问啊，为什么业绩不高呢？为什么业绩不稳定呢？这又是为什么？

为什么呢？其实关于人员，一共有三个层面：一是选拔，二是架构；这只是基础部分；三是目标管理及激励，这是核心部分。有了专职卖手，但业绩依旧不高的原因有很多，但往往都属于基础部分做了，核心部分没有做的原因。比如：顾问还在做服务，员工挑客，顾问不敢讲，员工不懂如何找出顾客的需求，销售的意识不强，院长目标管理不到位，店长销售计划太无序，项目运营有短板。这些，在后面的章节我们会具体阐述。

其实肖薇老师也罢、张欢老师也好，她们下店所做的，并不是简单地调整组织架构、提拔几个顾问那么简单。但是显然，要建设生态运营系统，组织架构的完善和岗位职能的分工界定，是最最基础的版块。

如果业绩是一枚导弹，那么合理的组织架构就是导弹的发射架。没有发射架，导弹就无法升空。

警惕完美主义

来说一个对小美容院而言不太接地气的话题。

我们在前几节的内容中谈论过架构的三种类型，第一类是不健全的架构，包含了绝大多数美容院。第二类就是臃肿的架构，符合相对少数的美容院的特点，这类美容院的业绩说高不高，说低不低的，但其实有很大的业绩潜力。美容院的架构臃肿这种现象通常发生在小型连锁企业身上。比如3～5家分店或者5～8家分店的企业。

我们服务过南京的一家小连锁企业，共3家店。这个企业的组织架构是这样的：老板下面有运营总监，运营总监下面有项目总监、技术总监，还配了一个教育总监专做招聘和新人培训，还有物流经理。办公室配备一名行政经理和两个财务。3家分店每个分店，1名店长，1名顾问。3家店，一共有4位总监，2名经理，3名店长，3名顾问，其他人员若干……

大家从这个庞大的架构上能看出什么端倪吗？

第一，职能重叠；第二，用人成本高；第三，人员会闲置。还有第四、第五、第六，总之弊大于利对吗？这个美容院的老板的出发点是为了让自己轻松一点。按道理讲，老板配备了那么齐全的帮手应该非常轻松吧？事实相反，老板更辛苦了，辛苦于人员的心态调整以及应付办公室政治斗争。说到办公室政治斗争大家不要觉得惊讶，别以为才三家店也配搞办公室政治斗争？“三个女人一台戏”总听过吧？总监、经理一大堆，又没那么多具体的事务可做。不就要搞办公室政治吗？不然怎么打发时间呢？所以为什么很多老板害怕员工闲着，其中很大一个原因就是人闲着爱生事。所以一天到晚都会找事给员工干，给员工安排得满满的，让员工没空生事！

但是由于该做的事情没有人做，不该做的事情总是有人在做，这个企业效率低下，人浮于事，业绩也忽上忽下的始终上不去。当咨询师第一次来到这个店时，老板基本上是在对我们哭诉，说运营不易，现在知道岗位设多了，也目睹几个总监们的政治斗争了，让我们帮忙来破解这个残局。

看到这里，有的院长一定会想，既然无用干脆就炒了呗！

可是，这几个总监里面有院长的亲妹妹、小姑子、弟媳妇，还有跟了她 7 年的员工，分别还都占了点股份。现在你不能潇洒地说“炒了呗”了吧？说到这里，就顺便讲句题外话：诸位院长，用人请慎重，尤其是你的亲戚和跟了你许久的员工，很多时候股份和高职位会毁掉你们之间的情谊、毁掉你的店整体的人事和谐。

言归正传，继续说组织与架构的关系。

你在设定架构时首先得明白组织的功能和目的，其次才是思考谁来负责？需要什么人？例如你开了 3 家店，这还谈不上连锁，根本不需要教育总监。你的美容院不是大机构也没有那么多新人需要培训，对吗？招个教育总监让她一天到晚都去教育谁呢？同时，你也不需要什么物流经理，让你的司机或者老公帮忙送送货就好了。犯得着请一个专职的物流经理吗？再给物流经理配一辆小货车？他大多数的时间没事可做，可你还得付薪水养着他。

你也不需要运营总监，运营自己抓就好了。你的下面有项目总监负责 3 家店的项目运作，技术总监负责养客疗程及美容师技术。或者再简单一点，让项目总监主管销售，让技术总监主管消耗。店长负责现场监控，顾问销售，美容师服务。这样的话，一来线条清晰，各管各的事。二来职能没有重叠，人员没有闲置，没有扯皮；所以，你的管理任务确实也能轻松不少。或者干脆把总监的头衔去掉，改成经理头衔可能还会实在点。如果你是单店运营就别运营总监、项目总监的了，店长、顾问、美容师就行了！

才 3 家店而已，犯得着搞这么大阵仗吗？

也许有极少数的院长看到这里会一脸的不服气。我们把某些院长的心里话说出来得了：你给我听好了，我这样设置架构有我的用意，我是打算干大型连锁的你明白吗？提前储备一些人才，是有我的战略考量的。所谓燕雀安知鸿鹄之志，你究竟知道个啥？（叽叽嘎嘎、呜里哇啦……此处省去 1000 字院长对作者唾沫横飞的批判）

好吧，你有战略考虑，你想干大连锁。

那么我可以给你点建议吗？

1. 你能不能少在总部设立几个总监职务呢？

2. 你的人才储备的重心在总部，哪里像个打算做连锁的企业呢？

3. 你能不能在店里多储备几个店长、副店长？

4. 能不能每个店多储备两三个顾问？

5. 如果把人才储备在店长顾问这个层面，那么开连锁是不是会顺手一点？

如果你的 3 家分店只有 3 名店长和 3 名顾问，那新店开业后店长临时去招聘？能行得通吗？原本 3 家老店只有 3 名顾问，顾问人数都明显少了，新店开业后你的顾问从哪里来，也临时去招聘？或者，把总部的总监派去做店长和顾问，合适吗？另外，你能不能等你的店多开了几家再设这么多总监呢？她们来得早了点，待在总部要么没事可做，要么做一些没有价值的事情，很好玩是吗？……

在这个话题上，本书作者曾经因为心直口快，得罪过一个架构臃肿的美容院的赵院长。她老人家因为“人才储备”在总监岗位上而非店长、顾问岗位上，跟我舌战一番，结果被我噎到无语应对，于是黯然离去。

架构就是排兵布阵

架构就是排兵布阵，排兵布阵的目的是为了发挥优势，创造优势。

玩过植物大战僵尸的游戏吗？这个游戏最讲究的就是排兵布阵。你要把不同的植物，诸如豌豆、土豆、卷心菜、向日葵这些武器用在不同的队列里。把阳光、时间、种子、武器……这些资源进行合理调配、布局、排列，打仗就会成为一件轻松而好玩的事情。

美容院搭建组织架构的目的，是为了对现有的劳动力进行优化，提高生产力、提高产能和产量。搭建或调整架构，都是为了发挥现有人力资源上的优势，以及创造未来职业化的优势。

我们强调的是，在什么阶段，就用什么架构！

盲目追求大而全的组织架构，要么是头脑发热，要么是虚荣心在作祟。为了自己省心而搭建庞大的组织架构，对于你的企业来说没有任何实际的意义，带来的往往是新一轮的伤害。我们看到美容院常犯的一个错误，就是喜欢照搬、套用大机构的架构和制度，好像自己用了大企业的架构就会成为大企业一样。

有些院长想到自己有了三四家分店了，就开始头脑发热，自信心爆棚了。

在她们的心里会冒出这样的情绪：哎呀，我很快就可以连锁化发展了，好幸福，好兴奋！一想到即将连锁化发展，就立即发现自己的体格小了：哎呀，那我的管理应该更加规范才行。那怎么个规范法呢？行政部要有吧？招聘！培训部要有吧？招聘！财务部要有吧？招聘！哎呀，我的办公室不够用了，干脆成立一家公司得了，用这个公司去管理未来庞大的连锁店。租个写字楼当总部，对，必须租个写字楼，还要租个气派点的才行……

于是，当下的运营重心开始发生倾斜。本来她应该盯着业绩目标的眼睛就此偏离，盯到别处去了。别的不说，最起码，她又给自己找了新的事情来做。于是，一轮无价值的折腾就轰轰烈烈展开了。**劳民伤财的事情，往往都是基于美好的愿望为出发点的。**

所以，我们奉劝那些特别有追求的院长：请一定根据自己企业的实际阶段，合理地设置组织架构和岗位。在这个问题上没有绝对标准。如果有朋友或者“大师”给你建议，请认真思考消化，不要全听，要看“疗效”。更加切忌不要刻意模仿大企业的架构。假如真的给你一个大型连锁企业的架构，你肯定会吃不消的。譬如把以下这些岗位一次性全部让你配置齐全，你敢吗？我们来看看这些岗位的名称：

总监、经理、店长、副店长、顾问、美容师、技术主管、前台、收银、配料、物流、仓管、行政、人事、会计、出纳、采购、培训部、策划部、文案、设计、项目总监、运营总监、技术总监、教育总监、区域经理、事业部总经理……

你敢不敢一次性配齐这些岗位？不敢了吧？那就还是

踏实点，我们做的是小微企业，赚的每一分钱都不容易，经不起乱折腾！

本章结束前，分享一个有趣的事情。

有一次跟一个开了23年美容院的东北大姐聊天，我们在白板上写下了以上20多个岗位的名称。然后有点不怀好意地问她说："姐，你要不要上这些人事配置？"

大姐眼睛放光，看着那些岗位名称足足一分钟，然后很干脆地回答："不要！"

我故作惊讶，又问她："哦？你为什么不要？"

大姐说："这个……成本太高了。"

我露出一脸坏笑，追问说："你不是总抱怨自己的架构有问题吗？总是强调配置不全，现在给你个全面的，你怎么又不想要了？"

大姐听了呵呵笑，边摇头边笑，对我说："哎，差不多就够了，给姐留点面子……"

CHAPTER4 • 第 4 章

选对产品，成功一半

- 开一家一流的美容院
- 选、选、选，乱花迷人眼
- 什么样的产品是一流的
- 大姐大是怎么选产品的
- 搭建产品架构

开一家一流的美容院

“我想开一家一流的美容院！”曾几何时，无数院长都有过这样的夙愿。毫无疑问，每一个有追求的院长都想把自己的美容院做成一流的！

那么，什么样的美容院可以称为一流的美容院？

百达可以公司为一流的美容院设定了一个最基础的相对标准，我们经常将之称为“四牛标准”：产品牛，顾客牛，员工牛，业绩牛。只要这四个标准都达到了，那么你的美容院在它所在的那条街上，所处的区域，或者所处的城市，就能首屈一指，遥遥领先于同行，就是当地一流的美容院。

其实要做出一家一流的美容院，有个非常简单朴素的办法：只要你找来一堆一流的产品就可以实现了。

美业院长：一流的产品？

百达可以：是的！

美业院长：找一堆？

百达可以：是的！

美业院长：就这么简单？

百达可以：是的！

美业院长：为什么？

百达可以：没什么，事实就这样！你要不明白，我们就来论证一下。

首先，好产品成就好顾客。

如果品牌好，必然理念好；如果产品好，必然效果好。那么由此可以轻易得出推断，顾客在使用了好产品之后，反馈必然好；反馈好，必然口碑好；顾客对美容院的信任度就会进一步提高，她就会愿意在你的店里继续花钱消费，一来二去，大家混熟了，客情也将变得更好。久而久之，你的顾客就开始有了忠诚度，最后老顾客还会带来新顾客。

那么请问，一个客情好、信任度高、忠诚度高、愿意在你店里不断花钱，愿意带朋友一起来你店里花钱的顾客，算不算好顾客？肯定算！所以说，好产品成就好顾客。

其次，一流的产品成就一流的美容院。

如果你店里的产品，无论什么产品，所有的产品都是一流的。那么你的店，就有极大的可能会成为当地一流的美容院。

为什么这么说？

因为每个一流的产品之所以能被称为“一流”，肯定有很多过人之处。无论是该品牌的产品质量、效果，还是运作该品牌的人员、团队，或是他们的营销套路、培训方式及文化理念，必然会有很多方面优越于竞争对手。

当多个一流的产品都跟你合作了，那就意味着，你的顾客成为当地女性当中能够有机会享受到全国一流产品的群体。当多个一流的产品都跟你合作了，那就意味着，你的店成了当地一流产品的聚集地，自然会吸引来更多一流的顾客，你的店又会因此成为一流顾客的聚集地。

当多个一流的产品都跟你合作了，那还意味着，你的店被多个一流品牌的理念熏陶过，被多个一流的团队服务过。你和你的员工跟一流的人才接触多了，见识和能力都将不断地增长和提升，你们将变得越来越优秀。你，会成为当地最有见识的老板娘；你的员工，在你所处的城市，自然能成为一流的美容从业人员。

你的店，因为有了一流的产品，吸引来了一流的顾客，熏陶出了一流的员工，必然业绩不会低。所以产品牛、顾客牛、员工牛、业绩牛，这四大标准就基本上达成了。你的店自然就成为一家一流的美容院。

想做一家一流的美容院，只要你找来一堆一流的产品就可以了。尤其是在早些年的时候，很多著名的美容院确实都是这样起家发迹的。

好了，那就去找一流的产品合作吧，可是，一流的产品在哪里？另外，一流的产品是指那些合作门槛很高，知名度也很高的明星品牌吗？NO！那种明星品牌不但合作门槛高，另外它们也早就被瓜分了，未必能够属于你。

我们这个行业有个不成文的规矩，那就是区域保护。一个品牌在一个区域范围内，甚至在一个城市范围内，只能跟一家美容院合作。而这个规矩就是美容院这个群体自己定下来的。有这么个规矩在，你只要下手慢了，好产品就不属于你了，只要你收到消息的时间太晚了，好产品也不会属于你。或者，你是家普通的小店，你哪怕提前知道了某某品牌很好又如何？即便你肯接受高门槛，但某某品牌公司未必瞧得上你，他们可能想跟你对面那家大型的美容院合作。

明星品牌确实是一流产品，但一流产品未必是明星品牌。除了那些人人皆知的明星品牌之外，仍然有很多堪称一流的好产品、好品牌。你要做的就是找到它们，用它们来成就你的美容院。

很多美容院缺乏寻找一流产品的明确意识，即使有这个意识又缺乏判断标准。说白了，就是选产品的能力不强。因而在引进产品这个点上，常常选不好。如果你有炒股票的经验，你就会发现选择产品跟选择股票有异曲同工的地方。

学会找产品，学会卖产品，这是两个重点，也是生态运营系统中关于品项运作的核心组成部分。

本章分享的主要内容是找产品这个部分。一流的好产品在哪里？它们身上有什么特点？你该如何做判断？你该如何运用它们来帮助你的美容院获得发展？这些问题关系重大，值得你深思并好好总结。

选、选、选，乱花迷人眼

学会找产品，学会卖产品。掌握了前者，你就成功了一半。但比较遗憾的是大部分美容院院长都不懂选产品。99%的美容院院长在选产品这件重大的事情上，没有科学的判断和理性的考量，只有感性的决策和盲目的冲动。很多院长的伤心故事就是这样发生的！有时候看到美容院院长的决策方式，会让人产生这样的怀疑：你究竟是不是个生意人？

现在，让我们来举几个老板娘选产品项目的案例。大家可以对照一下，看看有没有类似的事情发生在你的身边或者发生在你的身上。先聊聊美容院决定做一个产品的原因。

盲目“傍大款”

X莉肤美容连锁，在华中区算是一个不错的中型连锁企业，在选择品牌方面犯了这样一个错误。有一天，某知名胸部品牌红XX举办招商会，该连锁店老板去参加了。会场很高大上，氛围很好，现场该品牌带给她的感知非常良好，不知不觉中打动了她，于是她决定签单合作。百达可以的咨询师提醒她，说："这个品牌是不错，但是真正服务你的是这个品牌的代理商而非厂家，这个服务你的代理商是家新公司，基础弱、底子薄，团队实力不怎么样，拿得出手的卖手好像没几个，应该不具备服务你的能力，强烈建议你深思熟虑一下再决定。"

很遗憾，这个建议她没听进去，依旧潇洒地刷卡，毅然将品牌拿下，花了一大笔钱。结果没卖好、没卖好、没卖好，草草收场。

服务你的卖手不行，它是知名品牌又怎样？反正，怎么看都感觉这个案例就像一个女人在盲目傍大款，结果东找西找，最后傍到一个假大款。

从紧随潮流到盲目跟风

2014 年超声刀仪器开始火了。华中区某单店院长市场嗅觉敏锐，一早就嗅到了这个商机。经过考察研究，确定是真的很火，看来是股风潮哦，应该值得干一把。既然认准了就要干，这叫紧跟潮流！

对于绝大多数的美容院来说，超声刀都是合作项目。让厂家的职业卖手和操作老师带着设备下店，用他们外来的和尚身份跟美容院的顾客去沟通、成交，完了大家五五分成业绩。你提供客源，厂家提供业绩，这是很常见的合作形态。但是这位姐姐不小心犯了个错：不跟任何仪器厂家合作，决定自己买设备。于是一咬牙，花了几十万元买了一台超声刀仪器回来。结果……

结果是这样的，先说操作，店里员工对操作超声刀仪器不熟练，即使员工接受过培训了，但她能比得上那些天天操作仪器的厂家老师吗？肯定比不上。更重要的是，整个店里没有厉害的卖手能把这个仪器的服务项目卖好。不懂宣传，不懂铺垫，不懂沟通成交。结果，从超声刀这股风开始刮起，到后来全行业超声刀价格开始跳水，到最后这股风停下来不刮了，这个店也没卖出几个超声刀项目。负责操作的员工也早已辞职，仪器也没人会操作了，几十万元采购的仪器就像一坨废铁般放着。

因为一念之差，将原本紧跟潮流的一个生意，干成了盲目跟风的生意。不但没赚钱还贴了一大笔。这让人得有多郁闷啊？

不考虑基础乱上马项目

深圳某克X缇娜店，面部做得蛮好。店里一群十八九岁美丽的小丫头。有一天，老板徐姐参加了一个私密项目的会议，感觉像发现了新大陆一般，认为肯定能赚钱，于是刷卡30万元合作了。结果项目进店启动3个月后，仅仅卖出去两套。为什么？很简单，这是一个擅长面部的店，连身体项目几乎都没怎么做过。大多数顾客都没有在这个店里养成脱光上衣的习惯。而老板选择的是私密项目，不但要顾客脱衣服，还得脱裤子。结果就可想而知了。

另外，这个美容院的员工几乎清一色十八九岁的小丫头，几乎都是未婚未育状态。她们在两性方面比较懵懂，谈到相关话题都会不好意思，跟顾客无法展开有效的沟通。这也是该项目卖砸了的重大原因。这个店无论是顾客还是员工，都没有上马私密项目的基础。强行上马的结果必然是卖砸。

佛山 X 生堂养生馆，是一家连续八年做养生的美容院，平时以精油药油、中医理疗、艾灸拔罐、经络疏通这些为主打业务单元，面部很少做。然而，院长李姐参加了一个微整形的招商会，居然也决定了要合作。但是该店全体员工都没有面部皮肤的知识，没有销售面部产品的经验。仅有的几个员工会简单的面部护理操作，还是来这家店以前在别的店里学的。可以说，该店在面部方面几乎没有任何基础。这样的情况上马微整形项目，结果可想而知。半年过去了，一共成交了一个顾客，还是李姐自己的一个闺蜜。

看到别人干了微整形挣钱了，以为自己也能挣。店内没有面部的基础，没有微整形的氛围，结果肯定是水土不服。就像这些年流行韩剧，那些韩国帅哥们很受欢迎。于是一位中国姑娘索性找了一位韩国帅哥嫁了，最后却发现自己无法融入当地的文化。除了文化差异之外，还有就是天天吃泡菜，而这位中国姑娘是一个吃油条、喝豆浆长大的孩子，对韩国饮食习惯难以适应。

36 码的脚穿 40 码的鞋

美容行业里有个很牛气的公司，是美容业界的一家“高富帅”级别的公司。这个公司有几个特点：第一，向来都是以高大上的形象示人，看起来实力很雄厚的样子；第二，高规格的同时也高折扣，对加盟店几乎没有什么服务；第三，品牌很强势，对合作店的回款要求也很强势。这个公司吸引了很多店与其合作。这些店看上了该公司的万中无一，看中了这个“高富帅”志在必得的“上市”雄心，貌似只要“高富帅”一旦上市自己也能跟着成为富婆。

但是，这种“豪门”对媳妇的要求也很高，不是每个女人进了“豪门”都能过得呼风唤雨。多少合作店都在跟它的合作中最终豪门梦碎。就好比大多数女人对高跟鞋都是没有免疫力的，但不是每个女人都能驾驭得了高跟鞋。这种折扣又高、服务又少的项目，你在合作之前一定要想清楚：你是否有能力自销？如果你有强悍的自销能力，尽管去合作；如果你想找品牌借力的话，肯定就要找别的项目。跟这样的项目公司合作，不是每个人都能玩得起的。

有时候，事实的真相也许是这样的：你看上的是他高额的利息回报，他看上的是你的本金。所谓利息回报就是上市的梦想，本金就是你的时间、精力和在这轮合作中的投入。“高富帅”用上市这个梦想感召很多店用高折扣跟它合作，合情、合理、合法啊，没什么不对，最终没能成功上市，那就另当别论了。

折扣没有最低，只有更低

2016年年初，在百达可以公司的茶室里，我们接待了一个客户。她姓李，来自广州增城。李院长跟我们交流时一直在抱怨，抱怨自己店里的客情差和顾客消费的客单价太低。后来说到选产品的话题时，她说：“因为生意不好做，所以我选产品只有一个准则，折扣低，并且是没有最低，只有更低！”她的理由是，客情太差了，销售很难。如果做折扣高的产品成本会更高，业绩肯定会更惨。但凡市场上流行什么玩意，她总能通过各种奇怪的渠道，拿到类似的山寨货，这也算是有本事了。美博城她跑得很勤，对美博城很熟，甚至比美博城里的扫地阿姨还要熟。李院长得意扬扬地说：“五行摩羯刷，厂家配给我要 480 元一把，我脑子进水了要那个刷子，我网购 20 元一把，还买三送一。”她拿出刷子来展示了一番。我们用手一摸，那刷子硬得跟马桶刷一样。

能想到这些招数的都是聪明人，但是为什么客情越来越差，客单价越来越低？她把自己的店开成了奥拓，却要抱怨卖不出奥迪的价格。除非她的定位就是服务中低端群体，如果她是中低端的定位，那就不要去觊觎高端店的业绩。如果非要觊觎，就应该先把自己的软硬件提升上去。

只要赚钱，什么都卖

有些美容院看到不管什么项目，只要有钱赚就引进，还美其名曰边际营销，跨界营销。比如，我们就见过一些美容院，在店里卖水晶饰品、旅游产品、保险、各种培训课程，等等。

有时我们会有种错觉，美容院里似乎啥玩意都有得卖。

美容院已经沦为一个混合型的卖场，而不仅仅是个健康休闲的场所。

各种奇葩店的产品状况

有一种很奇怪的店，属于墨守成规型的。店开了八九年了，店里只有一个低端的品牌，五六名员工勉为其难地维系着经营，一个月只有区区几万元的业绩。不知道这样的店长是怎么想的。为什么坚守一个低端陈旧的老品牌不思进取，不再有所作为？

还有一种店，属于抱残守缺型的。店也开了不少年了，店里始终只有一个进口的面部品牌，你要是问老板为什么不多引进几个品牌来完善架构，既能满足顾客的需求，又能提升一些业绩？老板的回答却是："我这个品牌是纯进口的！我这个人吧，眼光比较高，一般国产的牌子我都看不上……"从这个老板的心态来看，似乎开美容院的目的不是为了营利，是为了有档次。

还有一种店，店里品牌有不少，但是主打品牌永远都是自己找工厂代工生产的那个。老板认为自己的品牌成本低，利润高。但她却没有算过一笔账，利润再高，一个月区区几万元的业绩，全部都是你的利润又如何？而做别的品牌，哪怕四折，假如业绩可以做到 50 万元，利润也有 30 万元。

总之各种奇葩店，一言难尽。诸位院长，以上有没有你的影子呢？

现在我们继续来聊一下美容院不做一个产品的原因。

有一次，百达可以公司做调研总结美容院放弃某个产品合作的原因。我们惊奇地发现：很多时候，老板娘决定不做一个产品的原因并不是因为产品有问题，而是因为老板娘任性，闹情绪！比如我们见过一些美容院，原本做了某个牌子的产品，做的也还不错，但是有一天，她跟这个品牌的老总交谈感觉跟对方合不来，不对路，于是她就打算不做了。她不去思考这个产品对她的生意的帮助有哪些，反正觉得不对路就不想做了。最后，为了能给顾客有个交代，她去找了个功能和价格类似的产品进来替换，至于这个新品牌的打法、卖法、服务能力都不是她考虑的重点。够任性吧？

我们还见过一些美容院，做某个产品做得好好的，有一天院长跟厂商额外地想要一些支持，结果被厂商拒绝了。于是，她心里觉得很不爽，为了赌气，就打算把这个品牌换掉，既不考虑员工的反应，也不考虑顾客的感受。反正我不爽，说换就换。够任性吧？

我们还见过一种美容院：院长遇到某个不错的 A 品牌，挺认可的，但是因为这个品牌好几家别的美容院都做了，于是她选择不合作。她的理由是：“那么多人都做了，所以我家就不能做。”为什么不能做？因为她追求的是与众不同。最后她选了一个同类的 B 品牌，一个从来没听说过的牌子。有个性吧？

A 品牌之所以有很多家在做，至少说明 A 品牌有很多可取之处。她做的话，至少不会冒很大的风险，更不存在卖不动的情况。但她选择了B品牌，一个从没听说的牌子。这个牌子之所以默默无闻，肯定也有原因：也许是个新品牌，太新了所以没人听过；也许是老品牌，但一直表现平平，不起眼，因此没听过。如果是前者，不知道能不能对她的店有所帮助；如果是后者，明显对她的店毫无助益。当然，还有一种可能，也许B品牌是个很优秀但是低调的品牌，这就要看运气了。不过做生意总不能一直靠运气吧？这叫靠天吃饭，靠天吃饭是很难填饱肚子的！

99% 的美容院选择一个产品合作时，是凭感觉来定。

99% 的美容院放弃一个产品合作时，是按心情来定。

我是一个很有原则的人，我的原则只有三个字：**看心情**！

美容行业有几万个品牌，乱花迷眼，良莠难辨。该怎么选？

大多数美容院院长在做选择时，都是从感性出发，最后回归感性，在选择产品方面缺乏套路，缺乏审视的标准。我们采访过很多院长，问她们：你是怎么选产品的？标准是什么？她们的回答几乎都是清一色的感性词汇，比如说：要有感觉、要有特色。

选有感觉的：请问什么是有感觉？

选有特色的：请问哪个品牌会毫无特色？是你觉得有特色还是你的顾客觉得有特色？

选折扣低的：你为什么不去代工生产一个品牌呢？那样折扣更低！

选自己喜欢的：你是拿来自己用吗？

选员工喜欢的：看来你很重视员工，她们喜欢就一定能好卖吗？

选朋友介绍过的：你朋友的店做得是不是比你更牛？她介绍的一定适合你吗？

选来钱快的：你是想火一把就走吗？有没有打算长期经营呢？

选听说很厉害的：请问厉害在哪里调查清楚了吗？

选持续盈利的：请问如果卖不好能持续盈利吗？

选店长有感觉的：店是你开的还是你的店长开的？

选功效显著的：请问你哪次选的不是“功效显著”的？结果呢？

选高端大气上档次的：只是包装精美的产品哪里没有？它能代表一流品质吗？

选有技术含量的：仅仅有技术含量，其他条件无所谓是吗？剩下的全靠你自己吗？

选可以拓客的：缺顾客就去拓客，为什么要把拓客寄托在一个产品上？

选不用做服务的：请问能不能让顾客反复消费呢？不能反复消费就不能成为主打项目。

选体验感好的：很好，然后呢？是不是还差一些条件？

写到这里，我们不由地想起很多院长不成熟的、情绪化的习性，想起很多院长任性固执的毛病和决策行为，不由得摇了摇头。

关于选产品，有几句话我们要提醒大家：

1. 你选的品牌，到底在哪个点上能让你获得价值，而不仅是利润。

2. 你选的品牌，能不能让你成长？能不能让你的团队成长？能不能让你的业绩增长？

什么样的产品是一流的

要开一流的美容院，就要找一流的产品。

那么，什么样的产品可以称之为一流？

在选产品方面，百达可以公司有个四卖原则。我们在给美容院做辅导时，以及对“百佬会”社群的会员分享时曾经强调过很多回。所谓四卖原则，即卖点、卖相、卖手、卖法。此外还有一些附加条件。在此，我们把四卖原则等几个标准分享出来，给所有院长参考。基本上符合以下标准的产品品牌，即可称之为一流。

1. **卖点：**一个打动人心的产品，必然有清晰、明确的卖点。一个快速流行的爆品，必然有新颖、独特的卖点。假如一个产品具备很好的概念、卖点，那么：一来容易传播；二来容易教育员工；三来容易吸引顾客。

2. **卖相：**人靠衣装，好产品也需要一件好的“服装”。卖相好，不是指包装非要奢华、高档，而是指看上去是否是个精品。在你的目光所及之处，你感受到的气质或质感，是否匹配它的卖点？是否匹配它的价位？是否赏心悦目？是否讲究？是否真的花了心思？有时，卖相好坏与否，只要一秒钟就能判断出来。

3. 卖手：东西再好也要靠人来卖。一个品牌厂家或者代理商的服务人员强不强，关乎你合作后的培训、销售和出货。卖手的能力未必能一眼看出来，但气场却可以快速感应到。卖手团队越强大，说明终端销售越有保障。

4. 卖法：说白了，就是用什么模式卖货，这是一个产品的营销套路。一流的产品，营销套路通常不止一个（百达可以公司曾经为一个项目制定过七种营销套路），并且针对不同的店会有不同的套路，针对相同的店仍然能拿出几种套路。每一个营销套路大致是怎样做的？在什么阶段做？在合作前，各位院长也需要提前了解。

5. 品质：品质是一个产品基础的基础的基础，是先决条件。品质不单指即时效果，还包括品质的稳定性。这个年代的消费者越来越讲究。尤其是中国中产阶层的群体人数日益增多，有越来越多的人愿意为了一个好的商品，不惜远渡重洋去买单。

6. 售后：售后的问题多不多？处理能力如何？能不能有效及时处理？

7. 附加值：除了以上这些，你跟一个产品合作，它是否还能带给你的美容院别的什么价值？对你和你的员工的成长，或者对技术手法的提升能否有所帮助？

8. 持续性：有的品牌很好，但是仅仅适合炒作一轮。有的则可以长线经营。不能让顾客反复消费的项目，就不能成为美容院的主营项目。

选产品是一门学问。

有时候同样是一流的产品，但不同的品牌会有不同的特色。譬如两个胸部项目都很优秀，一个是销售很厉害的，另一个是教育很厉害的。哪个是你需要的？教育很厉害的还分为有的是教育顾客厉害的，有的是教育员工厉害的。哪个是你需要的？

同样，销售厉害的也分为几种。面对两个同样优秀的胸部产品，其中一个的销售套路是要美容师提前给顾客卖体验卡，另外一个则不用提前卖体验卡。如果你的店从来没有做过胸部产品，甚至没有做过养生，美容师对胸部不了解。在这种情况下，你想引进胸部产品时，如果你找了个销售前需要卖体验卡的产品，可能会遇到障碍。因为厂商肯定要等你卖了体验卡以后再来安排老师下店跟顾客见诊。但你的员工很可能在卖卡环节上会卖不动，这样的话，厂商老师就见不到你的顾客，销售就无从谈起，这个项目的引进也许就算失败了。

而另外一个胸部不需要卖体验卡，它的销售套路也许是搞沙龙讲座，也许是直接给顾客送体验的套路（作者还发现有些很厉害的胸部产品，终端打法是给顾客赠送面部疗程这样奇葩的套路）。那么你选择后者的成功概率就会大一些。面对两种卖法，你需要选择一个你能够胜任并且能够配合得上的。

此外还有价位选择。功能选择等考虑因素，就不细说了。

按照四卖原则选择产品是个基本套路。百达可以团队帮美容院选择产品时，通常会采用这个原则。但其实还有更深的套路：在广东佛山有家著名的美容连锁企业，这家企业有个专门的部门研究品项。当它们打算选择一个产品合作时，会提前至少半年的时间对该产品进行深入的考察研究。选产品如此用心，难怪每个产品、项目进了他们的店都能大卖（该连锁企业的年产值超过 5 亿元）。

诸位院长，这家佛山的美容连锁企业为了引进一个项目能如此耗费心思，用长达半年的时间进行考察研究，你们能想象出在半年的时间里他们在做什么吗？他们又是如何对产品进行研究考察的呢？同样是选产品，相比之下你们花了多少心思呢？

大姐大是怎么选产品的

成功必有非凡处。行业内有一些大姐大，就是那些经营得很成功的美容院院长。她们选产品通常都很有一套。每个行业里都有所谓的圈子，美容业也一样。物以类聚，人以群分嘛，优秀的美容院院长总是跟同样优秀的美容院院长成为闺蜜。她们往往不在同一个城市，但丝毫不影响她们之间的情谊，遇到好的产品一起出手，遇到好的机遇一起参与。

每年两届的广州美博会，即是她们欢聚的时刻，也是一同发掘商机的时刻。一旦美博会到了，一伙姐妹就会相约在广州见面，然后一起去看品牌、试产品。

有一次，我们陪同一群优秀的美容业大姐参加美博会。刚到达美博会现场，看到一个广告宣传很火的新品牌，看似蛮不错的。一下子，这群姐妹都注意到了，于是围观。围观结束后，她们议论纷纷：究竟要不要做呢？如果做，怕名不副实，万一没有表面上那么好，浪费了钱不算，关键是浪费了时间；如果不做，万一这个品牌真的很牛，错失了这个机会，被自己城市里另外一个优秀的美容院给抢先拿去了，那接下来自己岂不是很被动？她们几个你看我我看你，最后，姐妹里面有个带头的大姐说："走，再去看看，要拿一起拿……"

她们不去展会现场，而是来到该品牌在会场附近用于谈判的酒店房间里，一伙人鱼贯而入，进门后开始深入了解。

了解卖点：卖点新不新颖，吸不吸引人？

研究卖相：产品长相好不好，值不值这个价？

询问卖法：听产品公司介绍，合作以后将如何实现销售，判断是否可行？

打探卖手：这个公司这么多销售老师，哪几个是最优秀的？分别是怎么卖的？如果做，就指定他（她）来我的店里服务。

打听案例：有哪家店做过这个品牌？做得怎么样？这个店自己是否认识？有没有可能是个托儿？故意替厂家说好话？

关于产品：有必要的话，可以体验一下操作

了解得差不多了，几位大姐有些心痒痒了。哪怕她们已经很感兴趣了，却依旧不动声色，轻描淡写、不咸不淡地问一句："折扣多少？"这个时候才开口问折扣，难道折扣不重要吗？当然重要。但是她们更加关注四卖原则：卖点、卖相、卖手、卖法。只有这四项感觉不错了，再来跟产品公司开口谈折扣。

另外，其实她们心里有数。一伙优质的店、知名的店、产品公司巴结着想合作的店，难道还拿不到一个团购折扣不成？生意就是谈判，谈判的砝码多着呢！产品公司要是死咬着高折扣，大不了就不玩呗，爱谁谁……

折扣谈下来了。肯定如她们所愿的折扣。她们又提出了一个新的要求："我们都要独家合作！"不是多少公里范围的区域保护，是独家。"我的城市，只能我一家做，不能跟第二家美容院合作！"必须写进协议里，必须白字黑字。"这个条件你要是不答应，我就放弃。"于是又一轮谈判。大多数的时候，是产品公司选择妥协。

作为产品公司而言，它们在美博会上做了大量宣传，投入人力、物力，自然也期望能找到优质客户、知名的大客户合作。一方面，这样的客户往往回款率很高；另外一方面，每个知名的客户都是一个强大的广告宣传途径。一旦合作成功了，相当于在战略上占领了一个制高点。产品公司就可以对其他中小型美容院自豪地说："看，就连人家那谁谁都跟我们品牌合作了。"言下之意是：足以说明我们这个品牌不赖，你有什么理由拒绝呢？有一伙知名的美容院合作了，更多中小美容院就很容易跟风引进这个品牌。不同之处是：中小型美容院因为体格小、吞吐量有限，更不是这群姐妹有备而来的团购，在折扣上必然没有谈判话语权，必然会高于大型美容院的折扣。

最后，这群姐妹七八人都与该品牌签订了合作协议。但是，这群精明的大姐大不会乖乖就范，绝对不会按照产品公司开价的加盟金额付款，通常都是象征性地付点定金，1 万元或 2 万元。用少量的定金先占个茅坑，至于拉不拉屎得看情况。反正协议一签，这个品牌就归她了。战略上，她用一份协议让她的竞争对手没机会跟她抢了。在她的城市里，她是唯一合作店。

接下来，为了防止启动该产品会有不可测的风险，七八个姐妹又开始私下商议：谁家先启动？经过一番商议，最终会确定其中一个姐妹先启动该产品项目，其他姐妹一起观望。如果该产品项目启动成功了，大家就挨个启动该产品项目；如果启动失败了，大家就按兵不动，继续观望，或者没信心了，就找厂家谈退款。

总结一下，她们选产品首先遵从四卖原则——卖点，卖相，卖手，卖法；其次才谈折扣和区域保护；再次用少量定金占个位置，战略上让自己取得主动；最后又不会立即启动，安排一个姐妹冒险试试，大家观望这个姐妹启动产品项目的效果，好就跟进，不好就退钱。

相比之下，这些成功的院长们在引进品牌时，处处有着理性的思考、合理的算计；战略上，既不让自己错失机遇，又要狙击对手抢占先机；策略上，不但要让自己获得最大利益和支持，还要保持风险最低；始终让自己处于进退自由、游刃有余的位置上。理性、客观、清醒；不盲目、不冲动、不冒进；不死盯折扣，也不放弃折扣，这些优越的表现，全都源于她们成熟的行业经验，也源于她们高超的商业智慧。

在她们初入行业时，也许她们曾经稚嫩过、天真过，甚至愚昧过。但是她们一个个坚守了下来，在试错中成长，在总结中壮大。多年的沉淀让她们洗尽铅华，变得从容不迫、气定神闲，变得老道而老练。在她们成为老朽之前，她们注定会盘踞在这个行业的上游，始终是这个行业领军人物、意见领袖。不得不承认，她们是中国美容院院长群体中的高手。让我们为这些高手们的水平点个赞！

搭建产品架构

关于产品，有三个层面：一是选择标准；二是产品架构；三是营销方式和套路。前两项是基础，第三项是核心。学会找产品，包含了产品的选择标准和产品架构搭建这两项。选产品已经絮絮叨叨说了很多，现在我们来说说产品架构。

产品架构，在业界有几种流行的理论。一种理论是：在产品功能上，能够满足各种顾客多样化的需求，这样的产品架构，才是合理的架构。

例如，顾客的需求可以按照头、胸、腹、背、内（例如口服）、外（减肥、体雕之类）等六大版块来进行需求的分类。顾客在这六大版块里，都会有刚需存在。如果你能满足多样化的顾客需求，就能在一个顾客身上赚到多笔利润。你的美容院里的品项是否在以上六个版块都有优质的产品呢？如果有缺失，你就不能全面满足顾客需求，就说明你店里的产品架构是不完整的。

按照这个理论，在头、胸、腹、背、内、外每个版块方面，还可以划分出各种类型的顾客需求，每种类型都又可以划分出几种价位的产品或服务来满足顾客。比如面部，完全可以将之分为：

第一，基础保养类。这是基础的护理保养，以膏、霜、水、乳、精华为主，配合美容师手法按摩，美白、补水、祛黄、抗衰，相对效果不是特别显著。

第二，微创滚针类。这是通过微针等仪器的辅助，以肉眼不可见的创面，打开皮肤表层让产品破皮导入，实现更好的吸收效果，这是效果相对显著的护理保养。2007 年以暨南大学为背景的一家公司就是用这种创新的方式，赢得了大量的市场。

第三，微整形类。这种是基础保养和微针都无法满足的需求，通过玻尿酸、肉毒素等物质注射到相应的部位，通过填充的原理实现面部轮廓细微的改观。

第四，整形类。对于有整形需求的顾客，联合资质齐全靠谱的整形医院，美容院向医院输送顾客，同时替顾客把关。

第五，眉、眼、唇文绣类，通过仪器设备和人工的设计，让顾客的眉眼或唇线等变得更加生动美观。

第六，斑、疤、痘问题性皮肤类。通过专业的产品和技术，针对各种问题性皮肤进行诊疗，解决普通产品无法搞定的问题。

每种类型的需求，至少可以存在一个品牌。如果按照价格再次细分，每个类型的需求应该可以容纳 2~3 个品牌。除了面部之外，剩余的胸、腹、背、内、外五大版块也同样可以进行多样化的细分。因此在这个理论上，要有很多种产品，才能搭建出符合该理论的产品架构。如果每一种产品都要求是一流的产品，那对于美容院来说，要找到这么多好产品会有较大的难度。

还有一种产品架构的理论，这种架构理论相对粗放，有点像金字塔形状。它把美容院的产品分为基础项目（疗程），高利润的项目，大客户服务的大项目、合作项目、涉外项目等。基本而言，这种理论是从价格上来做划分的。这种产品架构对于产品的数量要求不算高，但讲究的是每种产品都要有特色，要少而精。

有些院长也许会问："作者你说的这两种产品架构形式哪一种更好？"这个问题没有标准答案。我们见过有些美容院有几十个产品项目，这样的美容院擅长炒作项目，擅长把顾客划分为不同的类型来销售。我们也见过有的美容院只有五六个产品项目，而这样的美容院擅长把每一个项目做透，让大部分顾客都消费。两种美容院的产品架构完全不同，但是她们的业绩都很高。那你说哪一种更好？

在百达可以团队的观点当中，产品架构虽然重要，懂得选产品更重要。架构没有非黑即白的好坏标准，只会有缺失或重叠的问题。遇到功能或者价格上有缺失的情况，就引进一个合适的进行补充；遇到功能或者价格上有重叠的，就砍掉一个多余的，留下一个相对好的就行了。

会选产品是一门学问，会卖产品是一门功夫。学问和功夫，是截然不同的两个概念。学问可以通过学习得到增长，只要有人教你，又或者你经历多了、见识多了，必然会获得。但是功夫却要通过练习才能掌握。就像降龙十八掌，招式是死的，运用是活的。按照武功秘籍来练习的人，一开始肯定都是一招一式一板一眼地照猫画虎，熟练以后才能如行云流水一气呵成，临阵对敌的次数多了才能真正运用自如。

选产品的另一种着眼点

关于选产品，我们再分享一种选择标准。最近几年流行爆品，爆品从电商领域开始，蔓延到了各行各业。所谓爆品，就是那些能在很短的时间内引爆大面积成交的产品，既有爆发性，又有普及性的特征。在美容院客流人数普遍不足的当下，用家居产品的引爆来拉动业绩，其实是一种不错的选择。这可以作为做业绩的一种补充方式。

什么是爆品？我们认为，一个产品只有当它产生了顾客疯抢的局面，才能称之为真正的爆品。而能够引发顾客的疯抢，需要很好的包装和营销动作来支撑。爆品的选择，有几个核心标准，比如一个做到极致的单品，配合一个杀手级的应用，外加一个瞬间爆发的套路，同时最好还能具备爆炸级的口碑效应。具备这几个特征，一个单品就很容易快速卖起来，并且获得顾客的反复认购。

在广州有一家低调的美容企业，名叫安然国际。本书作者跟这个企业还算熟悉，曾经一度也参与过安然国际的市场模式设计，对这个企业在终端的表现还是相对了解的。从 2014 年起，安然国际就推出了“爆款营销”的终端打法。当时仅仅用一款面膜，在河北一个县城的一家美容院里（员工只有 9 人），一个月的时间能够做出 138 万元的销售业绩，非常了不起。全店的买单率能够达到 90%。而在 2016 年的春季，安然国际同样是用一款面膜在山西一个连锁店里，通过连续 5 场爆款营销的活动，在短短 25 天的时间内，做出了耸人听闻的业绩——销售额高达 6000 多万元！期间有个别离谱的顾客，居然会一次性主动购买 600 盒。作为围观群众的我们，都是面面相觑，唏嘘不已。能做出这样的业绩，是不是非常的了不起？

面膜毕竟是一款零售价几百块钱的家居单品罢了，为什么会这么畅销？仅仅是因为产品效果好吗？当然不是。这背后必然是有很多讲究的，究其根本，仍然离不开“四卖”原则：卖点、卖相、卖法、卖手。而安然爆款营销模式，恰恰符合“四卖”原则的总体套路，尤其是在“卖法”这一原则上有重大突破。也就是说，安然国际在制造爆点这个环节上，具备很强的运作能力，否则怎么能够引发顾客的疯抢。

这几年做爆品的企业很多，但是放眼业界，用面膜在终端上有突出表现的企业非常之少，也就安然国际扎扎实实地做出了这个让人发呆的业绩。到了2016年的夏秋之际，安然国际再度推出了玻尿酸的单品爆款，其压倒性的性价比，让顾客难以拒绝，在终端销售的表现同样让人目瞪口呆。

选对产品，成功一半。

选产品是一门学问，卖产品是一门功夫。亲爱的院长，有启发吗？

下一章，我们谈谈如何卖产品！

CHAPTER5 • 第 5 章

成交，总是死在成交的路上

- 一个项目营销失败的 7 种死因
- 卖手单次推销失败的 7 种死因
- 你是掰玉米的猴子吗

卖产品是一门功夫。

找产品考验的是决策者对产品的判断力，但还是有很多标准和套路可遵循的。相比之下，卖产品则会呈现出一个更加复杂的局面，所考验的，一是院长对目标结果的推进、决策能力；二是各级团队间的协作能力；三是代理商或厂家的终端营销能力；四是代理商或厂家跟美容院之间的配合效率等多个方面。

说白了，卖产品需要的是一个营销系统。

而这个营销系统涉及的面又比较宽，它把广告策划、目标管理、员工管理、顾客管理、薪酬绩效这五项都涵盖进去了。并且这五项内容，每一项都很庞大，都属于独立的子系统，如果展开讨论，每一项都可以用一整章的篇幅来阐述。

在生态运营系统的八大要素中，学会卖产品这一项是重点中的重点。百达可以公司的咨询师在辅导美容院的过程当中，在这个点上既要做师傅又要当教练，一边教授招式，一边陪伴练习，直到院长和团队熟练掌握为止。一个院长如果掌握了如何卖产品的功夫，那么她就可以游刃有余地指挥自己的团队，调配自己的资源，利用好厂家、代理商的优势，把一个又一个的销售战役打好。

好，从现在开始，我们仔细聊聊卖产品的话题。希望读者中的院长能集中精神，假如你是挑灯夜读的话，最好冲一杯咖啡提提神。这是个很重要的内容，建议院长边看边思考，手边最好能备好纸和笔，一旦有什么感悟立即写下来，免得遗忘掉，也许马上就能派得上用场。

先请诸位院长回答几个问题：

1. 你的店里有几个项目或者疗程？——自己写下来。

2. 每个项目成交了多少个顾客？——你可能写不出来。

3. 每个项目销售了多少钱？——你一定写不出来。

4. 每个项目你都清楚该怎么卖吗？——你恐怕没思路。

前三个问题精确到数字，后一个问题明确到思路。

我们可以肯定，从第二个问题开始，很多人已经回答不上来了。到了第三个问题能回答上来的人已经是凤毛麟角了。能够不假思索地回答这四个问题的院长非常非常少，一定属于百达可以团队都钦佩的院长。但是，这 4 个问题却很重要。

这 4 个问题，意味着你对店内的产品、项目、疗程的熟悉程度；意味着你对销售状况的清晰程度；还意味着你在营销方面的思考是否有条理。我们把这 4 个问题抛出来，目的是先把众位读者难住，希望能引起大家对这 4 个问题的重视，诱发大家一点思考。但这 4 个问题，我们不打算在此处深入地讲下去，大家看到后面的内容自然就会明白（如果院长们有心探究，可以就这 4 个问题的第二个和第三个，盘点一下你店里每个项目的数据，把每个项目买单顾客人数和金额计算出来，也许会有让你大吃一惊的发现）。

不可否认，卖产品对于大多数美容院来说都是件想做好的事情。

但在实际销售中，总会遇到这样或那样的问题。最终导致项目卖不好，导致失败，导致成交总是死在成交的路上。美容院遇到的销售问题，很多仅仅是个表象，在表象的背后则是冰冻三尺非一日之寒的各种成因的累积，有深层的原因所在。我们要找到产品卖不好的浅层及深层的原因，才能明白障碍的关键点究竟在哪里，才能有效地破除障碍。

百达可以团队长期深入美容院，对各种各样的产品销售形态司空见惯。我们发现：每当一个产品、项目或疗程，出现销售不好的情形，几乎都可以从营销的角度在 7 个地方找到原因。我们称之为：一个项目营销失败的 7 种死因。

一个项目营销失败的 7 种死因

死因 1：顾客不知道，没听说，所以没买

宣传面过于狭窄，致使产品信息到达率不够。

很多美容院精心挑选后，引进了一个新的产品项目，却因为种种原因没有把广告宣传工作做好，导致大量顾客没有收到该产品的信息。使得很多顾客处于：根本不知道你店里有这个产品的状态。由于顾客不知道你家店里引进了一个新产品，也没听你的员工说过店里引进了一个新产品。在这种情况下她没有购买这个产品，是再正常不过的事情。

顾客不知道？看上去有些荒诞离谱。

按说一个商品的信息，要让一万个人知道或许有难度，但是要让美容院里固定的一两百个会员知道，应该是很容易的事。按道理来说的确如此。但是，偏偏就有顾客不知道的情况发生，这样的情况居然还多到不计其数。来看个案例。

数年前，百达可以公司肖薇老师，服务了一家广东珠海的龙头级美容连锁企业。该连锁店里，有一个名叫“肩颈热石”的基础疗程，号称是他们店里卖得最好的疗程。在肖老师下店之前，他们店已经连续卖了四五年了。董事长总经理都**一致认为店里大部分顾客都买过了这个疗程**。

肖老师问他们：你们所说的大部分，具体是多少？

他们回答：大概……至少有60%以上的顾客买了。

其实想想也有道理，都已经连续卖了四五年了，又是个基础疗程，肯定有很多顾客都买过了。但是，事实真的是这样吗？感觉也许会骗人，但数据是不会骗人的。肖老师要求统计该疗程的销售数据，很快结果就呈现出来了。数据显示：该连锁店有效顾客人数有3000多人，但只有22.1%的顾客买过肩颈热石疗程。

残酷的事实让董事长、总经理等人感到难以置信，同时也感到非常郁闷。因为这个数据跟他们之前的认知相差太大了。3000多个顾客只有22.1%买了肩颈热石疗程。为什么会这样？

郁闷之余，他们开始调查原因，把副总经理、几个总监、几个区域经理、多个店长、顾问挨个叫来问了个遍。最后才发现：原来，他们的员工在销售肩颈热石疗程时，通常是两个疗程一起卖，而两个疗程的价格加在一起是4800元。在一线负责销售的顾问以及店长都认为：这个价格不算便宜。因此，但凡遇到那种在她们眼里没钱的顾客，她们根本就不会开口去推荐这个基础疗程。同时，店长顾问还反映一个信号：只要她们沟通过的顾客基本上都买了。

只要沟通过的顾客基本上都买了，也就是说22.1%的成交顾客，几乎就是全部的沟通过的顾客人数。剩下的 2300 多个顾客全都是没有沟通过的。也就是说，有 2300 多个顾客处于不知道、没听说过肩颈热石疗程的状态，所以她们全都没买。

死因 2：知道、听说过，但不了解，所以没买

在你看书的当下，你的美容院肯定有一个甚至几个项目正在销售。并且你的员工把产品信息也传递给了某个顾客，但是这个顾客依旧没买。为什么？

这种情况是：顾客知道了店里有这个项目或疗程，但也仅仅是知道了。比如，顾客看到店内大堂陈列的海报、展架等宣传物料，又或者有位美容师跟顾客简单地推荐过这个项目。所以这个顾客就知道了店里有这个产品或项目。但是，仅仅是知道，肯定不会引发成交。另外，即使美容师简单地推荐过，这种粗浅的沟通也不会产生成交。

顾客知道了、听说过，并不代表她就了解了。顾客并不了解这个项目对于她有什么作用，能够给她带来什么，能够解决她的什么问题。你能指望她成交吗？

产品信息虽然已经告知顾客，但未说服顾客，顾客买单的理由不够充分，因此她没买。

死因 3：知道了、了解了，但不相信，所以没买

或许你的员工很认真地跟顾客沟通过，推荐过某个项目。她说得很详细很具体，甚至她使出浑身解数，说得唾沫

横飞、天花乱坠，但顾客依旧没买。为什么？

这个情况，顾客属于知道了、听说了、了解了，但是并没有相信和认同。

顾客如果没有相信你的员工嘴里说的各种产品利益，也没见到谁用了有了很好的反馈，仅仅是头一回听说，但是真假难辨啊。哪怕你的员工说得再好，顾客仍旧会心存疑虑，这种情形也不会产生成交。

知道关过了，了解关也过了，但信任关没过。因为不相信，所以不放心。因此无论你的员工跟顾客怎么说，顾客都是不为所动。因为轻信美容院，这些年顾客吃过的亏太多了，所以警惕性高，防备心强。顾客害怕吃亏、上当，害怕自己买了会后悔，所以对她来说不买是最靠谱的决策。

美容院和顾客之间没有信任基础，是成交难以突破的原因之一。试问，如果你是这个顾客，在你不相信的情况下，你肯定也会把钱包捂得紧紧的。你会买吗？

死因 4：知道、了解、相信，但不在选择范围内，所以没买

知道关过了，了解关也过了，信任关也过了，甚至顾客还挺认同你的项目，但是很遗憾，顾客说："你家的产品是不错，但不是我想要的呀。"

这种情况完全属于需求没有找准。她想要的可能是苹果，你却给她递上了一根香蕉。

你推荐给她的产品，跟她想要的有差距。商品的功能、

形态、性价比她都认可，但是无法满足她的需求，因而不在她的选择范围内。顾客想美容，你推荐她做减肥？顾客想吃菜，你推荐她去喝汤？顾客有乳腺需求，你推荐了私密保养？顾客有整形需求，你推荐了常规护理？

换了是你，你会接受吗？

需求不对应，哪怕有着良好的沟通和认同，依旧是无法实现成交的。并且，这样的钱就不应该赚。如果总是把一些顾客不需要的产品或项目卖给顾客，多来几次，就算是她需要的产品或项目她也不会在你家买了。这就叫作"伤客"！

死因 5：知道、相信，在选择范围内，但不是首选，所以没买

这种情况一旦出现，顾客选择购买你店里项目的概率约等于零。

设身处地想一想你就会明白了。

如果是你，当你要解决一个问题或者想满足某一项需求时，你有三五个甚至七八个可选择的方案，你会怎么选？要么，你会选择性价比最好的那个；要么，你会选择最简洁、便利的那个；要么，你会选择自己最熟悉最有把握的那个。

当你的员工向顾客推荐产品项目遇到了这种情况，美容院只是给顾客提供一种新的选项罢了。你推荐给顾客的产品，可能只是顾客选择范围中 1/5 下面的 5，而不是 1/5 上

面的 1。你是分母不是分子，你就不是唯一，顾客凭什么为你的产品或服务来买单呢？

这个时候你想要成交顾客，唯一的办法就是弄清楚顾客的首选到底是什么，然后想办法超越她的首选。你才会有机会赢得这个项目在这个顾客身上的成交。

死因 6：知道、相信，在选择范围内，是首选，还是没买

已经是首选了，还是不买，这又是为什么？

出现这样的情况，原因基本可以归结为：客情不好！

因为客情不好，所以产品虽然是首选，但卖家却不是首选。她或许会在别的美容院买。

举个例子，你有一个刚从大学毕业的远方表亲做了保险业务员。他找到你，想要销售一份保险。你看完保险的险种和各项回报收益以后，觉得挺适合自己购买的，于是动心了，准备做决定购买。这个时候，你的老公 / 老婆随口说了几句："这个远房亲戚年纪这么轻，刚刚做保险也没几天，人又在外地，哪天他忽然辞职不干了，我们买了保险需要理赔的时候，找谁来对接？找保险公司吗？是不是会很麻烦？如果他已经做了多年，是个成熟的保险业务的话那肯定没问题。所以，是不是再考虑一下？"

你犹豫了，想想老公 / 老婆的话也有道理，所以放弃了购买这份保险。那么，如果卖保险的不是你的远方表亲，而是你的亲弟弟、亲妹妹呢？同样也是年纪轻轻、刚刚大学毕

业，刚做保险业务员没几天，也有忽然辞职的可能。想必你不会犹豫，因为那是亲弟弟、亲妹妹，所以是首选卖家。

所以，当你的顾客已经知道了你要销售的东西，且相信它是个好东西，也需要这个东西，却最终没有购买，那么你还是停留在“远方表亲”的层面，还没有成为她的“亲弟弟、亲妹妹”。顾客不愿意为了一个“远房表亲”承担想象中的风险。

还有一种情况，顾客知道、相信、了解，在选择范围内且是首选，没买的原因是她有替代方案，并且已经养成了使用习惯。比如她使用某个面部产品多年了，虽然你推荐的也不差，但是她已经养成使用习惯了。要改变她的这种习惯，需要通过事件公关来完成。有时候，商家会创造竞争对手的负面信息给顾客，促使顾客对原有的品牌产生疑义，进而转变使用习惯。

死因 7：试用过或者买过一次，再也不买了

这种情况是非常遗憾的，

基本上是因为产品质量或是服务质量出了问题，这是大问题。

试用过一次，或者购买过一次，决定再也不买了，顾客心里一定在骂：“你这个骗子！居然忽悠我，我再也不在你家买任何东西了。等我的卡消耗完了，就跟你拜拜，要继续相信你的话我就真是傻到家了，哼！我不但不买，我还要告诉其他人也别买！”

营销策划唯一包装不了的就是产品品质。无论多么别出心裁的营销策划，充其量只是为了博得顾客对你家产品的一次试用，只能提高尝试率。一旦尝试发生后，所有的手段都开始变得苍白了，有没有后续的缘分，只能依靠产品本身。

通常因为产品品质彻底得罪顾客的现象相对少见。而比较常见的一种现象是：试用过或者买过一次后，你家的产品仍然在顾客的选择范围内，但不再是她的首选了。这种情况产生时，顾客心里会觉得："你们卖给我的这产品，说它不好嘛，好像也不完全是；但要说它好的话，肯定没你说得那么好。为了卖产品给我，你们吹牛了！！"

过度承诺是美容院里很常见的现象。销售人员由于急功近利，往往会夸大产品的卖点功能，顾客的期望值被过度抬高，导致失望，最后导致性价比产生了问题。

如果不是过度承诺，就说明商品或者服务有瑕疵，需要提高性能或服务质量。假如提高不了，只有降价或者通过促销来换取再次成交。如果是过度承诺造成了顾客失望，你则要管好销售人员的嘴巴，防止他们以后乱说话，顺便想办法做做公关，修复一下顾客的信任吧！

站在营销的角度，一个项目营销失败的原因，通常都在这 7 种范畴之内。只有跨越了这 7 道门槛，销售业绩才能快速上升，顾客才能成为忠诚的顾客，才会为你无偿介绍新顾客。然而从一到七，每个地方都可能会让你失败，每个地方都有可能成为无法逾越的鸿沟。

只有认同才能产生信任，只有信任才能增进客情。

诸位院长，你怎么看？

题外话

关于营销失败的 7 种死因，这个理论有个出处。它是来自百达可以公司的高级幕僚、战略顾问，中国资深营销大师，中国量化管理思想的创始人，百事可乐中国区第一任总经理——王瀚骏先生的课程《消费者行为学与营销策略》中的思想。

卖手单次推销失败的7种死因

上一节，我们从宏观的营销角度归纳了项目失败的7种死因。

这一节，我们从微观的推销角度，再来介绍一下员工面对顾客做推销时，导致失败的7种死因。从某种程度上来说，员工推销的失败是项目营销失败的具体表现形式。

先来展示一个情景。

一个阳光明媚的午后，有个顾客来到你的美容院。顾客一进门，你店里负责销售的顾问小黄就迎了上去。顾问小黄提前知道这个顾客会在这个时间来店，所以提前在前台接待处守候着。在热情地招呼、问好、入座、递水之后，美容师出现了，带着顾客换鞋、换衣、储物之后，她们进了房间。

顾问小黄开始摩拳擦掌，脑子里设计好了几个话题，准备随机应变地切入话题。另外，小黄也早就私下为这个顾客制订了销售计划。打算用项目A去说服成交她，并且决心今天下午就把她拿下。于是，当这个顾客躺在美容床上在接受美容师的服务时，顾问小黄踏着有备而来的步伐，轻轻地推门进了顾客的房间里……此处省略 1～2 小时的沟通对话内容，除了闷头干活的美容师外，鬼知道顾问小黄进房间后跟顾客说了什么。也许话题换了好多个。

我们可以想象，小黄进了房间可能是这样的套路：先是寒暄几句客套话，顺便侦查一下顾客的心情好坏；然后，开始跟顾客聊八卦，家长里短或者讲个笑话。看到顾客情绪不错，她就开始把话题切入产品，讲了一会儿发现顾客没有明显的拒绝，就准备下手……每个销售人员都有自己的一套方式，我们不知道小黄究竟说了什么。最终小黄从房间里出来了，沟通的结果是没有成交。

为什么没有成交呢？小黄姑娘，你能告诉你的老板娘这个顾客为什么没有成交吗？小黄失落地说："顾客说她没钱呀……"

没有成交的故事，每天都在中国近 200 万家的美容院里循环上演。如果要去询问为什么没有成交，得到的答案一定是五花八门，不同的人会给出不同的答案。在下班前的总结会上，很多店的院长或者店长都会问员工：顾客为什么没有成交啊？

顾问 A 说：顾客说她不想买。

顾问 B 说：顾客说她在别的美容院已经买了这个项目了……

顾问 C 说：我负责的顾客今天没来店里。

顾问 D 说：顾客说觉得东西太贵了。

顾问 E 说：顾客说她要考虑考虑，下次再买。

顾问 F 说：顾客说没有优惠所以就没买。

顾问 G 说：顾客说她要回家问问老公，老公同意才买……

顾问 H 说：顾客说她太忙了，就算买了也没时间做，所以……

顾问 I 说：顾客说她买的项目太多了，那些项目都还没做完呢……

顾问 J 说：这个顾客没有保养意识，她说不需要这个东西……

顾问 K 说：顾客问谁用了效果好，她要看看别人用的效果再说……

顾问 L 说：顾客说要上网查一下产品再考虑……

顾问 M 说：顾客睡着了，没机会说，醒来后她边接电话边走了，也没机会说……

顾问 N 说：顾客说她心情不好，把我赶出了房间……

是不是看着很眼熟？我们仅仅是列举了一些稍微常见的失败原因。至于那些奇葩的原因就更多了，比如顾客来例假了所以不买，还有顾客失恋了所以不买的。有些院长看到这里还能说出更多不成交的原因。

这些姑娘们说的原因是真的吗？还是她们为自己的无能找出来的理由？还是她们为自己的懒惰找来的借口？真假不得而知。反正没有成交是真的。

在百达可以团队的经验当中，绝大多数美容院员工推销失败的原因，都可以归结为以下 7 种类型。

第一种：不敢讲

不敢讲，是你的员工缺乏胆量吗？

不，其实每个人内心都有不同程度的胆怯。包括你在内，都会害怕遭遇拒绝。哪怕是成熟的销售高手，也会害怕被拒绝。不敢讲的现象，在美容院的员工群体中普遍存在，尤其是在以服务为导向的美容院里更加突出。她们往往会误以为：只要把服务做好了，顾客就自然会主动成交。

员工因为不敢开口讲，所以在销售时，会有两种低效率的沟通行为产生：要么是蜻蜓点水地说了一下，导致顾客无法获得详细的产品或服务信息，因此无法成交；要么是干脆就没说，临到开口时因为勇气不够而放弃了，回过来骗老板说："我已经说了但顾客不需要。"

除了害怕被拒绝之外，美容院的员工们还有一种顾虑，那就是怕伤客。因为怕伤客，所以更加害怕开口去说。每当对顾客进行销售的时候，员工就感觉心里发虚，不自信（甚至有些院长也是如此）。**当不敢讲的恐惧遇见了怕伤客的理由，就会一拍即合，成为某些员工逃避销售的借口。**

你和你的员工或许没搞明白一个事实：其实销售就是一种服务，开口讲则是一种义务。

作为美容院的从业人员一定要相信这点：每个顾客来到你的店里，都是带着需求来的，都是带着想要变美的心和希望而来的。你的顾客会进门，在她们的潜意识里，是都希望你能推荐她们所需的好产品、好项目的。你要相信顾客是需要好产品的。但是，很多人没有这个正确的认识，导致她不敢说，或者唯唯诺诺地说。因为没有正确的认识，所以做贼心虚，没做贼也心虚。

美容院里的项目，需要通过面对面的介绍才能让顾客了解。因此，美容院的从业人员从上到下都应该有一种义务：告诉你们的顾客，你们店里有什么产品，以及这些产品能有什么作用。至于顾客要不要、买不买，那是顾客的事。

再强调一遍：

销售是一种服务，你只要不销售，就是服务的缺失，就是服务不到位。

开口是一种义务，你只要不开口，就是不履行义务，就是对顾客不负责。

最后补充一点，作为院长，应该去了解你的员工是否相信你的产品。如果员工本身对店里产品就是怀疑的，她们不敢对顾客去讲也是情有可原的。如果有这样的现象，要么是你对店里员工的教育没有做到位，要么是你找来的产品真的有瑕疵。

第二种：挑客销售

大多数美容院的员工，基本上可以分为两大类型：不敢讲的和敢讲的。但是那些敢讲的员工，她们在跟顾客沟通时，又总会选择性地跟一部分顾客讲。这就是挑客。挑客，似乎是让无数院长为之头大却又无可奈何的现象。

所谓挑客，是指在销售之前，员工们寻找销售目标的一种选择、判断的行为或思考方式。美容院的员工是怎么挑客的？

第一种情况：当店里要销售价格不高的项目时。她们在寻找销售目标时，要么先找那些比较好说话的顾客去讲，要么先找那些付款相对痛快的顾客去讲。而这两种顾客都属于客情好的顾客。

第二种情况：当店里要销售单价很高的项目时。她们在寻找销售目标时，面对客情好但是“没钱”的顾客不敢讲；面对不管有没有钱但是客情不好的顾客也不敢讲；只敢去找那些既客情好又“很有钱”的顾客去讲。

她们就是这样挑客的，最终挑出来的目标人数肯定很少。目标少，成交必然也少。这是很多项目进店后只能成交少数人的原因之一。挑出来的目标，都是她们觉得比较有把握成交的顾客。对于没把握的顾客，她们都选择了放弃。原因还是害怕被拒绝。

我们再来回顾一下前面的肩颈热石疗程的案例。

广东珠海的龙头级美容连锁店有个“肩颈热石”的基础疗程，已经卖了四五年。老板认为大部分顾客都买过这个疗程。但在咨询师的要求下做了统计后发现：实际上只有 22.1% 的顾客买过肩颈热石疗程。老板郁闷之余在店里展开自查，最后发现：员工销售肩颈热石疗程时，通常是两个疗程一起卖，而两个疗程的价格加在一起是 4800 元。负责销售的顾问以及店长们认为：这个价格不便宜。因此，但凡遇到在她们眼里没钱的顾客，都没有开口去推荐这个疗程。同时，店长顾问还反映一个信号：只要她们沟通过的顾客基本上都买了。

大家细细品味一番“只要她们沟通过的顾客基本上都买了”这句话意味着什么！

意味着一：22.1%的成交顾客，也许就是全部沟通过的顾客人数。

意味着二：这个连锁店有3000多个顾客，22.1%就是600多个，说明还有2400多个顾客没有沟通过。这2400多个顾客被员工们主动放弃了。

既然，只要沟通过的顾客基本上都买了。那么，没有沟通过的顾客会不会买呢？如果去沟通的话，那些没有沟通过的顾客一定不会买吗？如果去沟通的话，买或者不买，肯定有50%的成交机会。如果不去沟通的话，就只有0%的成交机会。但是她们放弃了。

有钱但是不好说话的顾客她们放弃了。

看上去没钱，但实际上很有钱的顾客也被她们放弃了。

看上去没钱，但是很需要肩颈热石这个疗程来改善身体状况的顾客，也被她们放弃了。

她们凭什么认定那些顾客就一定不会买？！

她们凭什么认定那些顾客就一定买不起？！！

是谁给她们理由不跟那些“没钱的”顾客去沟通、去开口、去推荐的？！！！

这就是挑客挑出来的结果。有时候院长好不容易引进一个项目，为此也许还花了一大笔钱，结果就被这样对待？顾客在你店里来来往往这么多年，也许肩颈上真的有顽疾需要调理改善，结果就被这样关怀？起因只有一个，员工在定目标的时候，用了一个不恰当的选择标准，而美容院的管理者又缺乏发现这个问题的能力，更缺乏扭转和引导员工定目标的思路。

第三种：客情不好，所以……

每个美容院里都有客情好的顾客。

客情好的顾客信任度高，如果正好又是那种天生喜欢胡乱花钱的主，这样的顾客成交起来当然容易，也会致使美容院员工在做销售的时候会第一时间想到这些客情好的顾客。但是这些顾客人数有限呀。卖完了这批顾客，总要去开发其他顾客吧？

剩下的顾客，都是客情一般的顾客、客情差的顾客。当遇到客情一般或者客情差的顾客时，没有成交是正常的。她跟你关系不好、感情浅，你找她聊天、推销，她肯定是爱搭不理，甚至会怀疑你的动机不良，对她的钱包有所企图。总之，客情不好，就没有信任度。你说得天花乱坠，她反倒会越发警惕。她不是没钱，也不是没需求，而是客情不好，所以懒得理你。

美容行业曾经一度在微信上流行过一个搞笑的段子：一个顾客来到美容院做脸，她穿了睡衣躺在美容床上，美容师问她："美女今天想怎么做啊？"只听她回答道："不做刮痧，不做精油，不做拔罐，不做体验项目，不买保养品，只做基础护肤，从现在开始，咱俩谁先说话谁是王八蛋，开始吧。"这个段子有好几个版本，有美容院版本，也有美发店版本。

谁先说话谁是王八蛋！意思很简单，就是说：你给我闭嘴，别跟我推销任何东西。这个时候顾问或者美容师会碰到钉子，会遭遇拒绝。心理素质不好的人，甚至会觉得自己也很受伤，从而选择了放弃。

大家有没有想过一个问题：**销售，原本就是要搞定那些对你不认同的人。而不是只搞定那些对你认同的人。**客情不好，你要想的是如何让这些人来接受你，让客情变得好起来。但是很多时候，美容院员工们的反应是，对这些客情差的顾客置之不理，甚至面对顾客连招呼都不打。员工这样的表现在顾客看来会觉得：这个美容院的服务质量变得越来越差劲了。于是顾客心中会滋生不满，从而客情会进一步变差。

第四种：客情还可以，但是不按需求销售

顾客想要的是苹果，你的员工向她推荐的却是香蕉。

比如一个顾客李姐，经常痛经，她需要的是调理内分泌、改善宫寒的卵巢保养项目，而你的顾问不清楚她的需求，向她推荐了肩颈项目。于是被拒绝了。

会在这个点上栽跟头，说明美容院对顾客不够了解。也许这个顾客的档案上没有记载过她的需求，或者有记载但是过时失效了，她的需求转移了，而作为销售人员，没有及时发现捕捉到。

没有找准需求，有些时候也是可以成交的。当美容师或者顾问说多了几次以后，顾客为了给你一个面子，会在你

手里买个价格低的东西，但是不可能每次都给你面子。

很多美容院里剪羊毛般的销售，就是不按需求进行的。对待客情好的顾客，不管是上了新品牌，还是要做个促销活动，或者是某个品牌来了个美导，销售人员都会想着办法让这些顾客买单，而不管人家需不需要。一两次，三五次之后，你会发现原本好说话的，现在已经变得不好说话了。原本一说就买的，现在变得警惕了，要多说几次才能买了。并且，消费金额下滑，信任度下滑，严重的，到店率下滑，客情下滑。

什么叫作销售？**销售的本质是发现需求、了解需求、关注需求、满足需求的过程。只有需求反复被满足了，客情才能进一步提升。**

第五种：找准了需求，但是没有表达清楚

话都说不清楚，讲都讲不明白，在那种逼着美容师去销售的美容院里是很常见的。一个性格内向、不善于语言表达的美容师，跟顾客生硬地去沟通，会把一个原本卖点很精彩的产品，说得干巴巴毫无吸引力。很多美容师在向顾客介绍产品时，几乎就是在背诵产品说明书。这就是讲不清楚、讲不明白、讲不生动，无法得到顾客的认可，也丝毫不能引发顾客的兴趣。说不清楚、说不生动的结果就是：要么顾客不认可产品；要么顾客不认可推荐产品的人。严重的时候，顾客会对整个美容院的专业性都产生怀疑。

有没有过这样的经验？同一个产品或项目，让 A 美容

师来讲，你会听得津津有味；换了B美容师跟你讲，你根本连听都听不下去。大众化的商品，可以通过广告传媒反复传递信息让消费者产生认知，让消费去主动购买。而美容院的商品，只能通过人与人的对话来完成。说白了就是靠嘴完成的，销售人员的嘴如果说不清楚，那就完了。

另外，如果一个人生硬地向顾客销售时，就不会出现沟通的高潮，不会出现愉悦的氛围，反倒有可能会出现强硬推销，招来顾客厌烦。这样做非但没有成交，还容易赶客出门。换位思考一下，当你自己遇到一个笨嘴笨舌的推销员时，也许你的反应是翻个白眼就跑不见人影了，哪有耐心听他说下去呢。

第六种：表达清楚了，但是，顾客并不重视

找准了需求，也表达得很清楚，但还是没有成交。

在这种情况下，员工找到的需求通常属于非痛点需求。一个顾客身上往往有多种需求。有的需求顾客会很重视，有的需求顾客则不怎么在意。而你的员工所找到的需求，对于顾客来说，刚好属于不重要的、不急需的、不难受、非痛点的需求。对顾客来说，这些需求可能是可有可无的需求。我们称之为非痛点需求，非第一需求。

顾客不重视，你想让她掏钱买单，能行吗？也能，但是有难度。其实，即使对于非痛点需求，非第一需求，也是能够成交的。但是销售人员所花的时间会更长一点。需要更加细心地去沟通、引导顾客，在沟通的内容上要花更多

功夫。

试问，有人推荐一个你不关注、不重视的商品，你会欣然接受、马上购买吗？

第七种：不坚持

找到了需求，也找到了需求中的痛点，顾客也很重视，但是很遗憾，销售人员提前放弃了。

情况可能是这样的：你的员工向顾客推荐一个项目。也许顾客面无表情，没什么具体反应，但她心里很重视，她已经被你的员工打动了。她动心了，只是她还在考虑、犹豫不决。这个时候，需要有人推动一下，替她做决定。有可能你的员工稍微坚持一下她就成交了。但是你的员工对局面产生了误判，认为自己没有打动她，认为被拒绝了，成交没戏了，于是过早放弃了。

在心态上，你的员工是不坚定的。同时也说明，你的员工缺乏一颗替顾客着想的心。而作为一个销售人员，就应该具备一颗替顾客着想的心。什么意思？百达可以公司在一个店遇到一个案例：美容师推荐胸部项目给一个顾客。正好被推荐的那个顾客胸部有结节，顾客自己也很担心，担心结节会越来越严重，甚至会癌变。只是这个顾客一直在犹豫要不要做，要不要买。她表现出很纠结的样子，一会说怕疼，一会说价格有点贵，一会又说不知道效果好不好。总之，给美容师的感觉是她在挑挑拣拣，很难伺候。最后，美容师认为：磨了这么久顾客还不买，应该是没戏了，所以放弃了。

我们问这个美容师：如果这个顾客是你的亲人，比如说是你的姑姑或姐姐。你明明知道她胸部存在这样的问题以及问题相应的解决方案，也知道我们能够帮助她，你会怎么办？美容师毫不犹豫地说："那我肯定会一直劝她做这个项目的护理，无论如何都会让她来做。"

销售人员提前放弃是临门一脚的推动力不够。一方面是经验和能力有待进一步提升；另一方面也会有投机心理在作祟。她会想：既然这个项目卖不出去，那我换另外一个项目试试看，侥幸能卖出去也难说呀。于是，她就盘算着推荐另外一个项目给这个未成交的顾客，而不是坚持下去，站在顾客的立场为顾客着想，坚定下去，直到成交。

美容行业内有一些培训机构，在做销售培训的时候，是这样给美容师们灌输理念的，要做好销售，有三个原则：一是坚持；二是不要脸；三是坚持不要脸！虽然这样的论调我们不敢苟同，但是仔细想想，也会觉得话糙理不糙。我们不得不承认，这样的观念灌输，有时候确实是有效果的。

友情提示：

第一，作为院长，你是否清晰：你的团队在与顾客面对面沟通的时候说了什么，做了什么？她们的所说、所做是否恰当，是否给力呢？如果你不清楚员工的沟通内容，或者你尽管清楚但无法判断她们的沟通方式是否恰当。那么你店内的销售工作，在成交环节上就属于缺乏套路，缺少计划，缺乏指导和标准的。销售能力必然是薄弱的。

第二，学会卖产品是一门功夫！这门功夫不但你要学会，你的团队也需要学会。因为无论业绩做多高，都是来源于每一笔具体的成交。每一笔具体的成交，都来源于每一次销售的成功。如果你店里一天的客流是 10 个人，那么意味着你的店里每天有 10 次成交的机会。但是你和你的员工们每天能成交几单呢？ 10 次的成交机会你们能把握住几次？

作为院长，需要引导你的员工关注每一次顾客到店，珍惜每一次成交的机会，有准备地应对每次顾客到店。这是生态运营系统当中能取得辉煌业绩的重点。请留意这段话中的三个关键词：关注、珍惜、有准备。但凡业绩高的美容院，几乎都在这个三个关键词上有所作为。

你是掰玉米的猴子吗

造成项目营销失败的 7 种死因，以及员工推销失败的 7 种死因，有一个很重要的人为因素，那就是美容院管理者的项目营销习惯不好。不好在哪里？通常是卖一个项目丢一个项目。这样卖项目的行为，跟猴子掰玉米极其相似。猴子掰玉米是这样干的：先掰一棵玉米，然后扔掉；再掰一棵玉米，再扔掉；完了再掰下一棵。很多美容院卖项目是卖一个丢一个，然后再引进一个，卖上一阵子又丢掉，即使没有完全丢掉也变成了非重点项目。

往往一个项目在你的店里卖给了 20 个顾客，可能还有 30 个顾客虽然没购买，但对这个项目还是有点感觉的，或许有一些顾客再沟通一次就买了，或许有些顾客再沟通两次就买了，或许有些顾客再沟通三次也买了。可是，你自己把项目放弃了，你要求你的员工去卖另外一个项目，所以你的员工对着那 30 个顾客开始推销另外一个项目。

我们发现，有些极端的美容院一年要换七八个甚至十多个项目，市面上流行的项目基本上在她的店里都做过。但是，几乎没有哪一个项目真正被卖透了，每一个都没卖好。

很显然，经常更换项目必然有个核心原因，就是现有的项目卖不动了。如果一个项目在你的店里始终畅销，你会无缘无故地将它换掉吗？那是不可能的。可为什么美容院会频繁换产品、换项目？其实归纳起来有这么几方面的原因。

第一个原因：为了迎合少数优质顾客而不断引进新项目

几乎每一个美容院里，都有一群喜欢胡乱花钱的女人。

胡乱花钱是不理性的，但很多女人天生就是感性动物。台湾意识形态广告公司给台湾中兴百货曾经做过一个系列广告，很形象地刻画了女性的消费心理，广告文案以一个女性内心独白的形式来表现，其中的经典文案是这么写的：

银行倒闭不会让我感到不安，没有购物欲才会让我感到不安。

经济不景气不会让我感到不安，没有购物欲才会让我感到不安。

三天不购物，就觉得面目可憎；三天不购物，就觉得灵魂可憎。

……

才三天不购物，就觉得面目可憎、灵魂可憎？

天呐！这样的内心告白，真的会让无数男人汗流浃背啊。

这类顾客有个特点：就是买东西上瘾，喜欢买、买、买；不花钱就难受，不花钱就觉得人生不美好；不花钱就觉得生无可恋。尤其对新鲜的事务，她很容易转移注意力，遇到一个新鲜的玩意就想买想占有。

举个例子，喜欢买衣服的女人没事会经常跑去服装店逛，哪怕她的衣橱里还有很多没穿过的甚至没剪过吊牌的衣服，她也还是会去服装店逛。不是她缺少服装，而是她就是喜欢这样干，这就是购物上瘾的特征。到了服装店如果发现没有新款，而她看得上的老款都买过了，她觉得没啥好买的，就会摇摇头、撇撇嘴走了。一旦发现店里来了新款，于是她就两眼冒光，一件件地要看、要试，一旦试出了感觉就又买了下来。只有新款才能调动起她的购物欲，因此服装店每年每季每月都要推出新款上市，用来刺激消费。被刺激的人就是这群购物不够理性的顾客。

这些顾客同样在美容院里出没。

于是，几乎美容院里卖过的东西她都买了。她在美容院的疗程、套装一大堆，用几年的时间可能都消耗不完，就像自己家里的衣橱中的衣服一样，完全穿不过来。美容院里如果没有新项目的话，她们的消费欲就无法满足，就没东西可买，而已经买了的又还没用完。咋办？于是她会去别的美容院里胡乱花钱。毕竟每家美容院卖的东西都不一样，多去几家可以多得到满足。对于她来说，多尝试几家美容院也没错，也许另外一家的服务和产品更好呢。

因此，很多美容院都出现过这样的情况：顾客打开皮夹子，里面能找到三五家甚至七八家美容院开的各种卡，如储值卡、疗程卡、会员卡、综合卡、贵宾卡等。

这些顾客是好顾客。

这些顾客会让美容院全店上下都保持关注。

这些顾客会让院长和员工都惦记且视为宝贵资产，被美容院称为 A 客或大客户。

但是，这些顾客毕竟只是少数人，充其量只占到了全部顾客的 10%～20%。她们是各家美容院的座上宾，也是店与店之间抢夺的对象。

为了迎合这批顾客，美容院院长肯定要动心思去引进千奇百怪的产品到店里来满足这一小批顾客。

第二个原因：只开发好开发的顾客，项目普及无力

美容院苦于没有业绩，又想快速见到钱。但是，大多数美容院又不会静下心来，开发除了那批喜欢乱花钱的好顾客之外的顾客，也就是所谓的 B、C 类顾客。

因此，除了一小批喜欢乱花钱的好顾客之外，美容院对其他顾客的销售是停滞、无力的。怎么办？一个看似英明的决定诞生了，引进新项目！新项目往往能带来新的刺激，比较容易成交。但是每当引进一个新项目，卖给了那批喜欢胡乱花钱的好顾客以后，就又卖不动了。这时候美容院会产生一种错误的判断，认为该买的人都买了。

等等，这里有个问题：什么叫该买的人都买了？ 10%～

20% 的喜欢胡乱花钱的好顾客买单了，就等于该买的人都买了？这是谁说的？难道对剩下的顾客就一定卖不出去？她们就一定不会买？但是很遗憾，“该买的人都买了”这种思想在美容院里相当盛行。很少美容院会严肃地思考这个问题，并寻找解决之道。

既然院长都觉得没东西可卖了，于是全店上下都会觉得没东西可卖了，必须找个新的产品或项目来卖，不然哪有业绩啊？好吧，那就继续找项目回店里来卖吧！于是再去找，找来了以后，主要买单的群体，还是那一小批喜欢胡乱花钱的好顾客，于是就出现了店里项目多如牛毛，却没有一个项目卖透的现象。

第三个原因：项目不给力，卖不动

有的美容院院长过度追求低折扣，导致优质的代理商或厂家不跟她合作。因而她只能引进一些品质很一般的项目。美容院一旦引进品质不好的不靠谱的项目，卖得不好也就罢了，还会得罪了顾客。我们说过，产品品质是无法营销的，一个先天品质残疾的项目，怎么卖？只好在仓库堆着！这样的项目不换掉，会从根本上丧失店的生命力！

还有一些美容院院长，也是追求低折扣，不过她们很重视产品品质，所以，找的产品也不错。不过，过低的折扣导致品牌方对她的服务和销售支持乏力。我们都知道，当下的业界，在美容院的销售一线，通常会有品牌方或代理商的卖手（美导老师）参与进来。如果卖手很厉害，销售能力很强，往往能够快速将引进的产品消耗掉。品牌方和代理商为了能把市场做好，往往会高薪招聘一些能力强的卖手。但是有的美容院为了拿到低折扣，会跟代理商谈判，会为了低折扣放弃卖手下店服务这一项。最后折扣谈下来了，院长满意了，但是代理商给的低折扣也是有条件的："姐，你要低折扣是吧？也可以，但这么低的折扣没利润，所以我们恐怕没有人手下店给你服务哦。另外，给你的折扣这么低，你必须一次性进货××套才行……"

作者认识的一家美容院就是这么干的，为了低折扣一次性采购了200套艾灸套装回来，代理商没有给任何支持，完全靠店里的员工自销，偏偏很多追求低折扣的美容院员工自销能力又差，最后就剩下一堆库存。最后，她只好再次选择别的项目进店来撬动业绩，还要额外花心思来把艾灸套装的库存消耗掉，真是够折腾的。

第四个原因：把厂商当救命稻草

我们上面讲过，好的品牌会有好的服务和销售支持。但美容院要营销好一个项目，讲的是借力，而不是依赖！

我们发现，很多美容院院长有个严重的依赖心理。客流不够，就把拓客公司当救命稻草；业绩不好，就找模式公司当救命稻草；找个项目，就把厂商当救命稻草。在这里，我们来重点讲一下美容院院长是如何把厂商当作救命稻草的。

美容院与厂商的配合一般是这样的：美容院员工对顾客

进行铺垫——顾客购买单次体验卡——厂商老师集中体验成交。这里的配合关键有两点：一是员工对顾客需求的铺垫到不到位；二是厂商美导的成交能力。可是，依赖型的美容院在体验成交活动失败时，从来不在自己身上找原因，而是把责任全部归罪于厂商美导。事实上，很多时候我们发现，罪责往往出在员工铺垫上。因为想吸引顾客感受产品的使用效果，项目的体验卡往往是超值优惠的。很多店的员工为了卖体验卡，经常会强调优惠而不强调功能，或者让顾客给面子购买一张卡，根本不去了解顾客在这个方面的需求是什么，能解决什么问题，从而导致很多顾客买了体验卡后，对即将要体验的项目功能都不了解，价格也不知道，怎么可能达成体验后的购买？

而一旦销售失利，美容院院长就认为成交不给力的原因出在厂商美导身上，就对人家横挑鼻子竖挑眼，甚至跟厂商扯皮、闹得不可开交。这种情况也会导致美容院频繁更换项目：既然这个厂商的成交不行，就换另外一个厂商。

基于以上这些综合因素，有些美容院一年下来，换了十多个项目。这就是猴子掰玉米的玩法：造成项目卖不透，成交人数少，买单率低下，普及率低下，业绩低下！

乱掰玉米，其害无穷

假如一个项目没有卖好，从表面上看，仅仅是会影响当下的业绩，但实际上不是影响业绩那么简单……

首先，会影响到顾客的信任。

今天推荐这个，明天推荐那个。有的顾客，对店里第一次推荐的项目其实是有点意向的，可以说是心动了，只是还没有消费，也许她第二次来店的时候再沟通一轮她就买了。结果，她第二次来店里，美容师给她推荐的又是另外一个项目。顾客心里会想：我刚有点意向你就换项目卖了，那么到底上次你说的那个项目好不好呢？好的话为什么店里不做了呢？看来是不怎么好的，幸好我上次忍住了没买，这次嘛，我也要谨慎点，先不买，看看情况再说。

其次，会影响到服务的质量。

我们可以想象一下，频繁换项目必然导致员工频繁学习新产品知识，学习新产品的操作方式，但由于项目太多，员工必然难以静下心来把项目吃透搞懂，也无法认真做好售后服务，甚至连手法都是半吊子。半吊子就做不出原本该做出来的效果和感受。这样的售后肯定是差强人意的，服务质量从何谈起？

再次，还会伤害到顾客。

请问哪一个院长不怕伤客？不怕伤客的请举手。恐怕整个美容业内没人会举手！但是伤客的行为却在你们店里不断发生。那些喜欢胡乱花钱的、常买单的好顾客，总是在你的美容院反复被成交。虽然，她们跟你店里的客情好，有购物欲需要得到满足。但是，她们并不是傻瓜，也不是没有分辨力的人。相反，如此有消费力的顾客往往都见识不凡。然而，美容院为了业绩、为了成交，常常会做出急功近利的事情。比如，轻易承诺效果。在项目 A 上承诺一次效果有多好，顾客信了买了，然后失望了，然后原谅你。没多久在项目 B 上又承诺一次效果有多好，顾客又信了买了，然后又失望了，然后再次原谅你。你当这些顾客是傻子吗？无论怎么被你的店忽悠都没感觉吗？

哪怕是恩爱的情侣之间这么搞也会感情破裂的，更别说是美容院跟顾客之间。

也许你会说，你的店不会胡乱承诺效果。但是如果你换项目换多了，难免服务质量会下降；难免会卖一些顾客根本不需要的产品或项目给她；难免会引进来一些品质不怎么样的产品或项目卖给她；难免会为了完成业绩而刻意让她多消费一些；难免你的员工会为了完成业绩任务而对她下手；难免会有厂家的卖手为了销售提成而对她下狠手。对吧？为什么那些原本不错的顾客，会悄无声息地不再到店了呢？关于顾客管理，我们在第 7 章会展开讨论。此处不做赘述。

最后，还会严重影响到你的团队。

第一，会打击到团队的信心。

比如一个胸部项目卖砸了，团队心里会有阴影。她们会认为：这个价位的产品或者胸部这个部位的项目是不好卖的，是很难卖的。从此，她们对同类的产品产生抵触心理。一旦员工认为不行，又会反过来影响老板的决策。

第二，会打击团队的工作热情。

比如员工今天学这个，刚掌握没多久，又要学那个，刚学会没多久又不卖了，然后又要学那个。学多了，学杂了，也就学乱了。人的接受能力是有限的，学太多的结果就是什么都学不好。大学四年的时间，学生们要学的科目才 13～15 科。你要让你店里的员工一年学多少个品牌才够？一年下来，员工被七八个甚至更多品牌的老师培训过。在学习中反复受折磨，员工们必然会怨声载道，产生厌烦情绪，会觉得这份工作很没意思。有的就干脆辞职，有的干脆跳槽去另外一些压力小点的美容院。

第三，会导致团队不聚焦销售。

项目多了，员工销售也是乱来的，容易投机取巧：今天卖不出这个项目，我干脆明天试试那个。带着这样的侥幸心理去碰运气干活，难以培养出面对顾客深挖需求的能力。

第四，会给团队不努力找到借口。

员工会对你说："院长啊，那些老的项目顾客该买的都买了，已经没有什么项目可卖了，你看是不是引进一些新项目回来呢？我今天没做出业绩，不是我没用心工作啊，而是因为店里没有新项目啊。"

综上所述，项目卖不好除营销方面和员工方面各自的 7 种原因外，还有院长决策上的误判、盲点、缺少思路、急功近利等因素，继而影响到全店上下。

在本章的开篇，我们提出了四个问题让院长们去思考去回答。这四个问题全部围绕着卖产品这个核心，也是考验院长在卖产品方面有没有想法的四个问题，更是考验院长决策能力的四个问题。现在，我们再来回顾一下这四个问题，希望能启发诸位院长真正地进入思考中，并在运营当中高度关注。

1. 你的店里有几个项目或者疗程？

2. 每个项目成交了多少个顾客？

3. 每个项目销售了多少钱？

4. 每个项目你都清楚该怎么卖吗？

想一想算一算

1. 你店内正在卖的那个项目，你清不清楚成交了多少个顾客？你是否确定，你的每个顾客都知道并且了解那个项目呢？

2. 请做一项统计。统计之前，你先把店里卖得最好的产品、项目、疗程的买单人数做个估算；然后把实际买单人数的数据统计出来，对照一下你的估算和实际情况有多大出入。我们可以很负责地说：你，还有看这本书的大部分美容院院长，都会大跌眼镜！！！这个点是美容院的盲区，也是业绩上的致命瓶颈。学会卖产品，可以从这个瓶颈下手。

CHAPTER6 • 第 6 章

生态运营的销售主张

- 生于促，死于销
- 促销就像吸鸦片
- 需求是什么
- 美容院对顾客需求不了解的原因

生于促，死于销

想要真正学会卖产品，有个前提，就是要先学会做促销。

想要真正学会做促销，有个最最最简单的办法，就是不做促销。

只要你坚持不做促销，你就约等于学会了做促销。

只要你能把你美容院的促销频率，缩减到一年只做一次，那么你的美容院一旦做促销，效果必然会很好。效果好，就说明你已经学会了做促销。

因为美容院有爱搞促销的习惯，很多厂商为了迎合美容院的喜好，在他们的招商会上，基本上都会推出各种各样的促销方案。这些促销方案往往会做得很花俏，冠名一个高大上的名称，就号称 ×× 模式。很多院长就是因为在招商会的现场听了促销方案的讲解，找到了感觉，于是选择了跟某个品牌合作。厂商们这么做无可厚非，因为迎合了店家的需求会比较好签单。

美容院为什么爱搞促销？其根本还是在于，美容院在营销上过于依赖外部条件，自己缺乏营销的想法，甚至不怎么去思考营销问题，往往把促销当成营销。这是行业内的一个通病。其实促销仅仅是营销当中的一个支点。它是之一，而不是唯一，更不是救命稻草。

生态运营系统的销售主张，强调的是：用价值对应需求去满足顾客；反对用价格、优惠的方式去吸引顾客。强调的是：在价值和需求上与顾客展开沟通，在感受和感觉上用心引导顾客，去确认效果、价值，去满足需求，通过满足需求，赢得顾客的认同和喜爱；同时，努力培养顾客在美容、养生方面树立正确的价值观，实现美容院与顾客之间的良性互动与和谐共处。生态运营系统的销售主张，强调的是：销售要回归营销的本质。而营销的本质，就是用商品或服务的价值来满足顾客需求的过程。

美容院做促销的核心点，是设计一个看起来很优惠的方案来吸引顾客，从而引发大量的购买。美容行业的院长们，要说做别的事情她们可能能力不行，但要说到做促销方案她们的能力却很强大。她们经常在业绩不好的时候，四处打听有什么好模式、好方案，似乎以为一旦有了一个好方案，就能业绩大翻身。

相比现在，十多年前的（2000～2006 年之间）美容院很少做促销。一旦做促销，优惠力度也不会太大，但是消费者会很积极地参与。在那个时期，美容院做沙龙也好终端会也罢，要邀约顾客到场是很容易的，就连厂商的招商会要邀约美容院参加都很容易。这些现象都说明了一点：当时的销售，基本上是缘于顾客的需要。在顾客需要的情况下，美容院稍微给点促销政策，销售会很容易达成。那段时期是美容院自然销售的黄金年代。后来，美容院因为尝到了促销的甜头（也因为竞争的加剧），逐渐加大了促销的频率，养成了促销的习惯，最终走到了非促销无业绩的状态。

促销是用来锦上添花的，而不是用来雪中送炭的。

但凡把促销当成救命稻草抓来保命的美容院，最终都会溺亡在竞争当中。可是，在无数美容院院长的意识中，似乎都认为促销来钱比较快，于是就不断地搞促销。天天搞、月月搞、年年搞，直到有一天，促而不销、不促更不销的局面出现。促销丧失了原有的业绩驱动力，最终业绩低到惨不忍睹。我们把这个状态归纳为：**生于促，死于销！生是因为促销而苟且生存，死是因为脱离促销就彻底玩完。**不做促销就无法成交的店，不搞活动就没有业绩的店，统统都是促销依赖症“患者”。

促销就像吸鸦片

促销就像吸鸦片，会上瘾，还不容易戒掉。当“烟瘾”越来越重的时候，小剂量已经不管用了，只能加大“吸食”剂量，而加大剂量必然会造成更严重的“烟瘾”和依赖。促销也像护肤品中的糖皮激素，会制造出激素依赖性皮炎的脸，需要用“药物”来缓解。而“药物”就是更大力度的促销，最后导致美容院不用药就不能正常运行。

有的店已经死了，只是因为做促销带来了一点现金流，所以看上去还苟且地活着。频繁的促销，最终让美容院丧失的不光是业绩，还将丧失团队的能力、顾客的信赖、企业的口碑。

每个频繁做促销的美容院，都会培养出一种独特的销售文化：优惠成交！

大量美容院的销售状况都是这样：因为有优惠，所以才能成交。负责销售的员工们，进了顾客房间里就只会做一件事，那就是卖优惠方案。她们不会跟顾客谈价值，只会跟顾客谈优惠，并且是没有最优惠，只有更优惠。在优惠成交的销售文化熏陶下，谈优惠形成一种习惯，员工就丧失了谈价值的能力和意识。

员工会习惯性地跟顾客这么说："姐，你看，我们店这次推出的这个方案多优惠呀！"员工们还会一边敲着计算器一边跟顾客沟通，力图证明方案的优惠程度："姐姐，我给你算一下，看看我们的方案有多优惠。你看呐，你只需购买3980元的××护理套装，我们先送你一套价值1980元的一个××套，然后又送你价值1680元的几次××护理，还给你赠送价值980元的××疗程。天呐，简直太优惠了，这是前所未有的优惠，你还等什么？"

亲爱的院长，这些话听着耳熟吗？

最开始，你的员工这么跟顾客沟通时是很容易成交的。顾客会珍惜美容院打折让利的机会。但是美好的时光通常都很短暂。多来几次以后，顾客就没感觉了。因为每次都这么优惠，甚至一次比一次优惠，她开始不以为然了。当你的员工说："这么优惠你还等什么的时候？"顾客会一脸无所谓的表情，她心里想的是：反正这次不买，下次一样还有优惠。反正中秋赶不上，还有十一，十一赶不上，还有圣诞、元旦，还有春节。反正每逢佳节来临时，你们店不都是在搞优惠活动嘛。

久而久之，顾客被优惠成交的销售文化培养出了一种思维习惯：买与不买，似乎跟产品带给她的价值无关，而是与优惠不优惠有关。甚至顾客会按照你的员工的沟通方式，跟你的员工讨价还价说："我听说隔壁的店也在搞活动，好像更优惠哦。”或者，顾客会拿着计算器噼里啪啦算一通，然后告诉你的员工：“我不觉得优惠呀，跟你上次卖给我的优惠程度差不多呀。你再优惠一点的话我可以考虑，不然就算了。”

亲爱的院长，以上这些情形有没有发生在你的店里？

促销频率过高，一方面让真正有需求的顾客用很低的价格买到了她想要的商品。这些顾客当然很高兴。但是美容院的利润却越来越薄，曾经有人夸张地形容利润比刀片还薄。促销频率过高，也让一些没有需求的顾客因为促销而购买，因为贪便宜而购买，买了一堆她不需要的商品。放在那里不做不用不消耗，反正便宜，她不是很在意。此外，为什么会有顾客在购买之后又出现退单、悔单的现象？就是因为在促销时，顾客不是因为需求而消费，而是因为贪便宜而买单，清醒过来之后自然会后悔。

很多美容院在临下班时，内部总结会上通常会发生类似这样的对话：

一脸深沉的院长：大家说说今天的销售情况吧，是怎么回事？

情绪低落的顾问 A：院长，顾客都觉得我们这次的方案优惠力度不大，很难成交……

忧心忡忡的顾问 B：院长你看是不是要考虑改动一下方案，稍微加大点优惠力度呢？

眉头紧锁的店长 C：是啊，我遇到的顾客也是这么反应的，都要向我申请多送几次才愿意买。

院长：唉！不是我不愿意啊，再加大优惠力度的话就要亏本了，就没钱发工资了！

顾问： 唉，这些顾客怎么都这么贪呢？

店长： 是啊，这个力度已经很大了，她们居然还要送。

院长： 大家想想还有没有别的办法。

店长： 要么，再加送一次仪器护理？反正仪器只是耗电，成本低嘛……

院长： ……

优惠成交的销售文化一旦建立起来了，思维似乎就被固化了。遇到销售阻力时，美容院从上到下好像除了再优惠点外就别无他法了。不知不觉中，优惠成交的销售文化就培养出了两种恶习。

第一种恶习，一旦没有了优惠，顾客就不会买了。

第二种恶习，一旦没有了优惠，员工就不会卖了，也没信心卖了。

每当要给员工分派业绩任务时，员工时常会跟院长讨价还价："要我完成业绩没问题，但要看店里能出什么样的方案……"言下之意是：优惠力度大我就能完成；优惠力度小，你们就别难为我了。

亲爱的院长，以上这些话听着耳熟吗？

没有最优惠，只有更优惠，最终更优惠的方案出现了。这是个赔钱倒贴的促销模式。2014 年美容行业内流行一个返款卡模式，号称 ×× 级营销。其核心内容无非是几个充值方案，大概的规则是：无论顾客充值 3 万元或 5 万元，还是充值 20 万元或 30 万元，都可以分三年全额现金返还，每年返还一部分；同时，顾客还能得到一大堆的产品及服务赠送。这个方案意味着顾客是在白拿，美容院是在白送。优惠吧？疯狂吧？

做这样的方案，美容院唯一能获得的是短期内的巨额现金流罢了，但这些现金流是欠款，是债务，而不是业绩，更不是利润。可是为了得到这笔现金流，美容院要花一笔不菲的投入支付模式费用，还要给员工拿提成，这样做划算吗？

做这样的方案，其实无异于饮鸩止渴、杀鸡取卵、寅吃卯粮，不计成本，透支明天。

出来混，迟早要还的。

返款卡方案一旦实施，第一年或许能兑现返还，但是第二年呢？第三年呢？真是谁做谁知道啊。此外，顾客掏了巨额充值后，她们还会一如既往地消费吗？很显然，很多都不会了，很多顾客们都开始捂紧口袋，消费金额急剧缩水。美容院要出业绩反而更难了。

员工们发现做业绩没戏了，于是提出离职。既然这家店做不出业绩了，她就去别家店干。我们亲眼见过几家美容院，因为这样的促销导致后期业绩惨淡，提前进入“冬天”，还有些店则被迫转让、关门、逃之夭夭。顾客得知后，大骂美容院是骗子，骂完后找消协投诉，找媒体曝光。美容院的负面新闻又纷纷登上了各大媒体。

优惠成交的销售文化，还会培养出另外一种独特的消费文化：顾客跟美容院讨价还价的消费文化。

买得起房子的女人未必会进美容院，因为她可能还要还房贷；而会进美容院的女人几乎都买得起房子，她们是衣食无忧的那个群体。对多数女性而言，去美容院消费是一件比较奢侈的事。因此美容院应该是个有档次的地方。在这样的地方，是应该讲感觉、讲价值的。而不是不断搞促销，就像路边摊天天举着跳楼价的牌子那样干。你肯定没见过卖奢侈品的门店里，店员天天举着牌子喊跳楼价的。但是由于美容院不断促销的行为，已经将这个有档次的场所，快要折腾成了地摊货的集散地。

与此同时，顾客变得天天在价格上跟你讨价还价，天天盯着价格低的东西。每当发生一次消费，顾客都会在配赠上跟你纠缠不清。其实她们不缺钱，但她们就喜欢跟你斤斤计较。而这些行为，不都是美容院给惯出来的吗?

有什么样的老板，就有什么样的运营；有什么样的销售文化，就有什么样的消费文化，就有什么样的顾客。始作俑者是老板。一切现象，都是老板的行为孵化出来的结果。促销原本是万众期待的开闸放水、锦上添花的营销手段，如今却在美容院里沦为饮鸩止渴的毒药，带来的尽是伤害，也让美容院进入了病态的经营模式。

亲爱的院长，时至今日，促销已经不能为你带来你所期望的业绩，你挖空心思已经想不出“好方案”了。促销已经报废了你的员工，她们能力退化、思维局限，只会卖方案了。促销已经把你的顾客给宠坏，她们变得斤斤计较，得寸进尺地找你要优惠。促销让你的利润变得越来越薄，成本越来越高，让你的美容院吃了上顿没下顿。你还要继续搞下去吗？

生态运营系统的销售主张是：

1. 要坚决斩断频繁促销这种吸毒式的自残行为，要像戒毒一样戒掉它！

2. 要重新建立满足顾客需求的销售文化，用来替代优惠成交的销售文化。

要做到斩断促销会很不容易。毕竟养成习惯了，积重难返，哪里能说改就能改得了呢？更加严峻的现实是：一旦停止了促销，业绩怎么办？有些中小型美容院，没有促销就没有足够的现金流，没有足够的现金流开店就难以维系。很多美容院明知频繁促销不可为，但迫于生存压力，又无法停下来。

一个瘾君子要戒毒，通常要找个替代品来过渡。美容院要斩断促销，一定要有其他替代做业绩的方法，否则难以摆脱对促销的依赖。于是一个新的命题出现了：不搞促销，如何做业绩？即员工在面对顾客时，在没有优惠方案的情况下，怎样才能把产品卖掉？

百达可以团队每当服务一家美容院时，在服务初期，如果没有特殊情况，几乎无一例外地会把促销砍掉。这样做的目的很简单：只要不做促销，美容院的院长和员工自然会思考一个问题——“不搞促销如何出业绩？”一旦她们搞懂了，促销就成了多余的了。

需求是什么

不搞促销如何做业绩？如何成交？如何把产品卖掉？这是个鲤鱼跳龙门的话题。美容院只有过了这一关，才能脱离促销，才能从容不迫地把生态运营系统建立起来。

那要怎么做呢？其实，答案我们在前面已经说过了。在前面的内容里，我们提出：要用商品或服务的价值去满足顾客的需求。这是生态运营系统的销售主张，也是不搞促销能做出业绩的唯一办法。只是，这个答案对于很多院长来说会有些抽象，会不好理解。院长们通常都喜欢具体的方式和方法，甚至希望能具体到表格和话术。所以她们对于这个答案肯定是不满意的。

亲爱的院长，是这样的吧？

一大群读者说：是的！

想要更加具体答案的院长请举手！

唰！唰！唰……

99% 的手都举了起来。有的院长举得还是双手，结果书拿不住了，哗哗哗掉了一地。

作者不由得翻了个白眼，摇摇头叹息：唉！你们这些家伙，居然都想要更加具体的答案。

很多院长都是这样的，自己不爱思考，就知道要方法、要方法。懒惰、依赖的恶习可见一斑。跟厂家合作就依赖厂家，跟顾问公司合作就依赖顾问公司，看这本书就依赖这本书。真是让人没办法。好吧，既然大家执意如此，那我就只好娓娓道来了。

我们可以想象一番。

当你的员工面对一个顾客时，她不再说优惠了，改说别的。如果这个时候顾客还会买单，那就说明你的员工给了顾客一个不错的买单的理由。这个理由触动了顾客的某根神经。那根神经就叫作——需求！顾客的需求被触动了，所以就买单了。营销的本质，就是用商品或服务的价值满足顾客需求的过程。可是需求到底是什么？先来个最粗浅的解释。比如累了就要休息，休息就是需求。渴了就要喝水，喝水就是需求。很好理解吧？

再来一个。比如顾客为什么要进饭店？因为他饿了，所以吃饭就成了一种需求。而饭店恰好能满足这个需求，于是顾客就走进了饭店。顾客为什么要进美容院？因为她一怕丑，二怕老，三怕又丑又老。所以她在护肤、养生、留住青春等方面有需求。而美容院恰好能满足她的需求，所以她就走进了美容院。

稍微深入一点点。

在广东省东莞市有个做前台文员的女孩子，月薪只有

3000元，但她去了美容院以后，花15万元购买了店里的胸部项目。按照她的收入，完全没有可能付得起这笔费用。据说，她是借钱来消费的。为什么她要借钱买胸部项目？因为她有需求。除此之外，应该有很多人都听说过这个新闻：有一个年轻小伙子，为了购买一部新款的苹果手机而卖掉了自己的肾脏。为什么他会卖肾买手机？因为他有需求。

跟需求对应的是价值。

美容院对顾客的价值，是美容院能够让顾客变得健康和美丽。

顾客对美容院的价值，是顾客的口袋里能掏出正版的人民币。

你有需求，我能提供价值，你掏钱买单，我就让你获得满足。这就是本质。一切与本质违背的行为，都不可能持久。如果顾客没有需求，除非她脑袋进水了，否则她不可能在你的美容院里多花一分钱。

那么什么不是需求？

举一个很粗浅的例子：一个加油站在卖一种很棒的助燃剂，可以让燃油燃烧得更充分，从而增强汽车的性能，并且这个助燃剂的价格很便宜，一瓶只卖10块钱。路过的司机纷纷购买。但有一个在校的大学生从加油站经过，他看到了却没有买，为什么？是他没有10块钱吗？不是，是因为大学生不开车，他没有需求。

再举一个例子：你的美容院在推广一个卵巢保养的项目，价格很便宜，一次只要98元。一个开宝马车的男人经过你的美容院，他看到了却没有买。是因为他没钱吗？不是，而是因为他根本就没有这方面的需求。他连卵巢都没有，去保养个啥呀？

你会买，是因为你有需求。跟钱没关系。

你不买，是因为没有需求。跟东西好坏没关系。

买与不买，跟需求有关，跟钱无关。

说了这么多相信大家开始有概念了，我们可以深入展开话题了。

我们见过一些美容院，为了成交顾客煞费苦心。她们提前做了很多准备工作，比如大量收集顾客的信息，例如：顾客的年龄、属相、生日、星座、职业等；老公是做什么的，跟她的感情好不好；小孩多大了，在上什么学，学习成绩怎么样；她喜欢穿什么牌子的衣服，戴什么牌子的手表，开什么品牌的车……

我们还见过一些美容院，喜欢对顾客做性格分析。也不知道是谁让她们这么做的，反正很多店都会这么做。有些培训机构还专门教美容院院长做性格分析，他们把顾客的性格分为多种类型，有的分为4种，有的分为12种，并对每种类型的性格给出了应对的方式。比如面对吹毛求疵型的顾客如何应对，遇到优柔寡断型的顾客又如何应对，遇到喋喋不休型的又如何应对……

说句心里话，收集顾客信息也罢，学习顾客性格分析也罢，都是浪费时间的举动。毫无价值，却被搞得玄乎其玄，以为靠这些就能成交顾客，简直荒谬至极。

故事一：有一个富翁要娶妻，有3个人选。富翁给了3个女孩各1000元，请她们把房间装满。女孩A买了很多棉花，装满房间的1/2。女孩B买了很多气球，装满房间3/4。女孩C买了蜡烛，让光充满房间。最终，富翁选了胸部最大的那位。

故事二：有一位男经理要雇用一名会计，刊登了招聘广告后，有3位女士来应聘，3人的学历和工作经验相当，男经理不知道该选哪一个。于是他心生一计，他假装不小心掉了500块钱，想看看这3位女士怎么处理这钱。第一位女士捡起钱悄悄藏了起来，第二位女士捡起钱还给了他，第三位女士捡起钱又往里加了100块钱才还给他。那么这位经理会选哪一个呢？当然是胸部最大的那位！

故事三：有一堆男人要在5个女生里面选出一个“萌王”，这5个女生里面，有的有一头美丽的又黑又亮又直的长发，有的有一颗可爱的小虎牙，有的有为了自己所爱的人牺牲一切的勇气，有的有创造宇宙的能力……男人们想了想，选了胸部最大的那位。

以上几个无聊的小故事告诉我们，不了解客户的真实需求，你做什么都是白搭！

收集顾客的情报信息，或许在跟顾客交流时，能让员工找到一些投其所好的话题，但是不能切中需求的要害，对于成交的帮助并不大。分析顾客的性格，充其量能提高一点谈话技巧，可以根据顾客的性格选择对应的沟通方式。但是做了这些，并不能搞清楚顾客的需求是什么？需求点在哪里？愿花多少钱？而需求才是能让顾客买单的最有效的情报！

亲爱的院长，其实你并不了解自己的顾客。

所谓不了解顾客，是指你不了解顾客的需求。不了解顾客的需求，哪怕你对顾客做了个性化的客户档案，把什么信息都收集了进去，哪怕你把她从小到大的、方方面面的信息都收集到了又如何？你仍然不了解她的需求。能让她成交吗？不能！哪怕你分析了她的性格特征又如何？能让她成交吗？不能！顾客不会因为这些而买单。

美容院对顾客需求不了解的原因

很多美容院都是对顾客的需求不了解。而造成美容院对顾客需求不了解的原因有几项，让我们剥开来看看。

第一个原因：搞促销搞多了

因为有促销，员工的销售会变得很容易。有促销在，员工不用费多大力气就能做出业绩来，业绩一上来员工就能赚钱。其实员工是有能力在顾客身上挖掘需求的。但是用需求沟通哪有促销来得快啊？人的天性中，往往都喜欢选择容易做的事情去做，何况促销还能让她赚到更多钱。于是她也被促销给惯坏了，刀不磨不利，挖掘需要的能力就会逐渐退化掉。

第二个原因：院长不懂得如何要求员工跟顾客去沟通需求

需求与沟通是分不开的，因为需求是在沟通过程中发现的。那么，应该怎么沟通呢？你的员工们并不知道！大多数美容院在对员工的培训上，没有往“要求员工跟顾客去沟通需求”这个方向去培训，也不懂得如何去培养。很多美容院对员工的培训，通常扔给合作厂商来做，让厂商来给自己的员工做培训。员工接受培训后，必然会用厂商灌输的话术去跟顾客沟通。

厂商培训的话术有什么特点？特点是：他们会把大量品牌的卖点、原理、背景、成分写进话术里面，很少考虑甚至根本不考虑销售情境，也不考虑顾客听了这样的话术会有什么反应，而是一味地自说自话。通常表达的逻辑都是三段式的：我是谁；我能做什么；我做过什么。这些话术通常是王婆卖乖，自卖自夸；缺乏互动，一厢情愿，生硬死板，急功近利。

而厂商负责编写话术的那个人，往往是培训部或技术部的主管。这些主管的水平就决定了话术的水平。偏偏这些主管有很多是不怎么去市场一线的。编写教材的人如果不是销售高手，她写出的教材就是不实战的。因而在厂商中有一种情况很普遍：卖手们拿到公司培训部提供的教材后，发现过于书面化，觉得不好用，于是自己另外写一套。这足以说明，那些培训部的主管们编写的教材是不接地气的。

品牌厂商安排老师下店销售，有一个概念叫作“见诊”。于是，她们一见到顾客就开始“诊断”，大谈特谈顾客的皮肤问题——有斑、有痘、有皱纹、有松弛现象；或者大谈健康问题——湿气重、淋巴堵塞、肩颈劳损、经络不通。专家终于“诊”爽了，而此时顾客心里五味陈杂，她们的内心独白其实是："天啊，我还能活几天？""我真的这么难看吗？""我是来享受的，不是给你批判的""我看你的皮肤也没好到哪里去"，等等。

当专家诊断后，继续说自己的品牌产品有何等优势、哪些案例、能解决什么问题。这时所出现的话题内容 90% 都在介绍品牌产品，10% 在试图取得顾客的互动和认同。你是否发现专家讲得兴高采烈的时候，顾客和专家的互动非常少？顾客开始不太有耐心继续聆听，甚至脸色渐渐阴沉？她内心会认为这是销售而不是真的在帮她解决问题，并且她不需要这些产品！接着你就会发现销售伤客了。

在专家或者美容师大谈与品牌相关事物的时候，顾客是不愿意聆听的，甚至是反感的。而千篇一律的"赞美式"开场白，又不一定是真诚的、让顾客愉悦的。没有好的"互动式沟通"，顾客就不可能将真正的需求阐述出来。即便销售者花了很大精力去表达产品的多功能卖点，那也只是企图让顾客愿意将需求对号入座而已，并不精准。总之，这样的沟通，缺乏深度互动的能力。这样的话术，没有针对每个顾客进入个性化研究的状态。

厂商的老师下店时的沟通，都会有这么低水平的表现，你指望你的员工被培训后沟通技巧会更加高超吗？当你的员工被厂商培训之后，她们可能会出现很死板的沟通、铺垫现象。

亲爱的院长，你曾经接到过保险公司业务员打给你的电话吗？每次电话接通后，对方跟你几乎没有什么互动，自顾自地说个不停，只要你不挂断他就会一直讲。这种沟通就属于无效的、低水平的沟通。其实，保险业务员是害怕被你拒绝，害怕没说完你就挂断了，因此他要在最短的时间内说出最多的信息，争取多表达一些内容。他指望其中某一个点会打动你。

同样，跟保险推销电话类似的情况，在你的店里就经常发生。你的顾问美容师跟顾客沟通时，不是互动式的沟通，而是对着顾客背诵产品卖点或专业知识。因为她不知道顾客的需求是什么，所以只能这么干。有时一个产品可能有多个卖点，为了说清楚产品有多好，她会一直背诵下去，她期待某个点能打动顾客。于是，她叽里呱啦、呜里哇啦地一直讲，直到顾客打断她为止。保险推销电话有多烦人，你店里的员工就有多烦人。接到讨厌的推销电话，你会挂断，甚至不耐烦地吼上几句再挂断。同样，你的顾客也会用她或温柔、或粗暴的方式让你的员工闭嘴。

美容院的销售是通过沟通完成的。销售人员跟顾客的沟通，可以分为两种类型：一种是客情沟通；另一种是需求沟通。当一名顾问走进顾客的房间里，往往是先跟顾客闲聊几句，这种就是客情沟通。当聊得有了点氛围之后，顾问就会寻找机会把话题切入销售当中，这就是销售沟通。切入销售沟通后，又分为两种对话类型：一种是需求对话；另一种是其他对话。如果你不进入顾客的房间，你是不清楚你的员工跟顾客说了什么的。员工进入顾客的房间可能什么都聊，也有可能什么都不聊。也许你希望她跟顾客聊需求，但她可能会不敢聊需求或者不好意思聊需求。因为一聊需求就感觉像是在销售。

你的员工可能会有这样一种感受：厂商培训的话术似乎不太管用。因此导致她们不太敢按照培训的话术去沟通，从而把话题转移到八卦的层面上去跟顾客聊天。她们对客情沟通反倒比较适应。当然，厂家偶尔也会有客情与需求兼顾的话术，譬如讲笑话开场破冰。良好的需求沟通，在与顾客对话的第一分钟是至关重要的开场！[⊖]

一个良好的破冰会使双方在愉快的氛围中，顺应切入两性话题、皮肤管理话题、私密话题或身材管理话题，也就显得适宜并且容易让顾客产生回应与互动了。

可是现实情况是，厂商的老总们，你们的需求与沟通，破冰与话术，铺垫与互动，做得实在太糟糕了。

关于需求和沟通，最后给个提示，当顾客说："我不需要！"的时候，她是真的没有需求吗？不完全是。举个例子，让我们来思考一个情况：

逢年过节，我们想孝敬家里的长辈，希望长辈的生活可以更丰富，即便我们不能常常陪伴她们，但是也希望她们不无聊不孤单，所以，想了想对长辈说："我买一个 iPad 给你玩吧？"长辈回答："别浪费钱，我不需要！"其实，长辈并不是真的不需要娱乐，而是他们不知道 iPad 有多好玩，他们不懂的怎么用 iPad 下载各类棋牌 App，怎么用 iPad 听戏曲、看电视。所以，他们说"不需要"不代表真的没有需求。

⊖ 本处原本有个私密项目的沟通案例，因涉黄、低俗等原因，被出版社删除了，请读者见谅。

同样，在美容院里美容师或顾问常常在铺垫和解说产品时，往往遇到客人重复 2～3 次“我不需要！”时，她们就会放弃与这位客人的沟通。然而真相并非如此，顾客对于自身需求的认知和品牌功能的认知都未必是真正了解的。因此，换个方式与顾客进行沟通，并且能够很好地举出适宜的临床案例，才能让客人进一步了解。而不是使用同一套固化的铺垫话术，一再碰壁，误解了顾客“没有需求”这一说法。

第三个原因：缺乏捕捉顾客需求的意识

很多院长有个共同的特点：除了少数重点顾客外，其他顾客需要什么她们根本不关心。甚至，平时也不太会去思考顾客需要什么。院长不去思考，团队也不会去思考，所以从上到下都不知道顾客需要什么。

打开很多美容院的顾客档案，我们能看到的顾客资料都是基础信息，诸如姓名、年龄、电话号码之类的。有些美容院对于大客户的档案资料会做得丰富一些，但也都是在档案里塞进了很多无用的边缘信息。然而，对于顾客的需求是什么？没有备注；顾客期望改善的地方是什么？没有备注；顾客的皮肤或者身体存在什么问题？没有备注；顾客的问题需要什么样的方案去调理才能得到有效的改善？没有备注；几乎是一片空白。偶尔有一些，也是很粗浅的内容。越是客情不好的顾客，档案上越是空荡荡的。

因为不了解顾客的需求，所以美容院顾问在销售时，无法与顾客在需求的点上展开有效沟通，而是在撞概率，碰运气。譬如店里今天主推胸部保养项目，你的员工就跟顾客说她的胸部有问题，应该买一个疗程。店里明天主推私密保养项目，你的员工就说顾客有妇科问题，应该买一个套盒……以此类推。有问题的说有问题，没问题的也说有问题。保守估计，至少有95%以上的美容院顾问都是这样销售的。

次数多了，顾客总结出一个规律：但凡你每次说我这里有问题那里有毛病的时候，就是你要向我推销产品的时候。你说我胸部有问题，要我买胸部疗程，没有问题。但是请问，你不卖胸部保养项目的时候，为什么不说我的胸部有问题？非要到卖的时候才说？也太功利了吧！

这种感觉让顾客感觉很不舒服。哪怕你的员工说对了，她的胸部的确有问题，她也会心里不爽；就算她会买单，也会买的不甘心。更糟糕的情况是，顾客甚至会怀疑美容院的动机。她会想：到底是我的胸部有问题，还是你纯粹就是想卖产品给我？如果我的胸部真的有问题，那你平时干什么去了？如果我的胸部没问题，那就是你在忽悠我、想赚我的钱？一旦顾客开始怀疑美容院的动机，怀疑美容院的专业性，信任危机就产生了。顾客就开始对你的美容院反感了，客情就开始降温了，成交难度就开始加大了。

对顾客的需求处于无意识状态，是美容院对顾客关心不够。也是专业程度和服务用心程度不够，更是营销能力不够。

顾客来美容院是为了更好地爱自己。但是美容院往往不爱顾客。有些美容院喊着关爱顾客的口号，但是没有能力关爱好自己的顾客。有些则纯粹不想好好关爱顾客，只想着赚钱。顾客的需求无法得到满足，业绩怎么可能会如你所愿呢？

亲爱的院长，你是不是真的关心、关爱、关怀、关注、关切你的顾客呢？你要摸着良心问问自己！

第四个原因：缺乏发现顾客需求的能力

顾客的需求是多样化的。今年她的需求可能在面部，明年她的需求可能转移到了身体。

往往同一个顾客会有很多种需求并存。作为美容院院长，你应该用心去发现顾客的多种需求，并且把顾客最在意的那个需求（也就是痛点）找出来，第一时间满足她。但是美容院往往缺乏发现顾客需求的能力。

生态运营系统要求美容院必须对顾客的需求进入研究状态，必须从上到下学会找需求，学会用需求与顾客对话。尤其是卖手，卖手要提升的能力就在这里。

需求可以分类，如显性的、隐性的、重视的、忽视的，外在的、内在的，精神的、品质的，危机的、恐慌的，创造引导的，不一而足，种类繁多。这样说会抽象了点，换一个具象的表达会让你更加容易理解。我们可以将需求分为以下类别。

1. 肉眼能够看得见的需求

这类需求指的是碍于观瞻的，视觉上不好看的。比如脸上有痘痘、色斑，身材肥胖等。这是最容易发现的需求。但是在习惯了用优惠方案成交的店里，员工往往对这些需求视而不见，向顾客简单地讲过之后就开始谈优惠方案了。

2. 肉眼看不见的需求

这类需求一般是通过反射区判断出来的需求。顾客的脏腑失调，通常会反映在体表。比如便秘，反映在体表就是脸色会暗沉。或者看顾客的气色，就大致能知道她哪里有劳损。

3. 触摸能发现的需求

比如给顾客按摩胸部或淋巴时，发现顾客身体上的结节、肿块、包块、增生，触摸有痛感，从而可以判断出她的需求点甚至痛点。

4. 触摸无法发现的需求

例如宫颈糜烂，在按摩的时候似乎无法发现。

5. 沟通能说出口的需求

比如顾客说："我希望达到 ×× 的效果。"

6. 沟通难以启齿的需求

譬如顾客有妇科问题等隐性症状会羞于表达，或者她的性生活不和谐，一般这类问题会难以启齿。

7. 顾客能够表达的明确需求

比如边照镜子、边自言自语说："你看我的下巴，是不是垫高一点会更好看？”或者顾客说：“我总觉得哪里有点不对劲，你发现了吗？”

8. 顾客忽略掉的隐性需求

比如，一个顾客臀部下垂，她自己原本没感觉，也不重视，但连续被多个人说到臀部下垂后，她对自己的臀部开始缺乏自信，就连走路时她都会侧过头来看看。臀部下垂就成了她的心病，遇到有强迫症的顾客，她非要彻底去除心病心里才会舒服。

9. 被创造出来的需求

比如你今年 35 岁，早晨去美容院的路上遇到一位一看就超过 50 岁的大婶，她热情地拉着你的手说：“哇，老同学，好多年没见你了……”你一脸错愕地问她：“你是不是认错人了？”经过确认，大婶承认自己认错人了，然后走开了。此刻你的心情会变得很郁闷，你会想：居然把我认成她的同学，我有那么老吗？刚到店里，你的店长看到你又说：“哎呀！院长，你最近没休息好吧，我看你挺憔悴的。”此刻，你的心情会更郁闷，然后你肯定会去照镜子，看看自己是不是真的看上去很老。也许，你想要抗衰的需求就开始浮现了。

10. 心理需求

贵宾级服务？尊严感？私人订制？老公也许会喜欢？在姐妹面前可以炫耀？明星饭局什么的？填补空虚什么的？

11. 其他潜在需求

顾客的烦恼就是需求。顾客的欲望就是需求。把梳子卖给和尚的销售故事，大家应该很熟悉。从需求上来讲，销售人员是发现了和尚的潜在需求，并且提供了满足需求的方案，从而将和尚根本用不着的梳子批量卖给了寺院里。

理论上，凡是美容院引进的产品都会具有一定的使用效果。产品功能即卖点，产品效果就是价值。这个价值是不是顾客想要的？如果是，那么卖点跟需求就对称了。顾客就会动心。剩下的，就看顾客是否相信销售人员所说的话了。在这个点上，客情会起到决定性的作用（关于客情下一章会详细阐述）。作为美容院，其职责就是掌控产品的功能，让它在顾客身上呈现应有的效果。让卖点跟需求对称，让效果如期发生，让顾客需求得到满足，这是美容院与顾客相生互利、和谐共处的根本。

理想的状态是这样的：每当发现顾客的一个需求，美容师就应该及时地告诉顾问。顾问就应该抓住这个点不放，以这个点为核心与顾客沟通。这样的沟通就叫需求沟通。然后，美容院适时地推出针对性的项目让顾客去消费，这样的销售就叫有的放矢。

综上所述，美容院必须建立起强烈的需求意识。院长和员工都应该学会寻找需求，学会用需求与顾客沟通，只有这样，才能建立发现需求、提出满足需求的解决方案的文化，用需求对话的销售文化，替代优惠成交的销售文化。做到这一步，美容院的销售才能迎来脱胎换骨的局面。

CHAPTER7 • 第 7 章

客情，保障业绩的生产力

- 问世间（客）情为何物
- 伤（客）情三把刀
- 跟顾客谈“情”说“爱”
- 拓客，红旗不倒，彩旗飘飘

问世间（客）情为何物

“员工把产品卖给顾客！”

在上边这句话的顺序当中，员工排在第一，产品排第二，卖产品排第三，顾客排第四。细心的读者会发现，这本书第 3～6 章的内容构成，就是围绕着“员工、把产品、卖给、顾客”这句话的前后顺序来展开的。我们在本书第 3 章讨论了人员的组织架构与岗位分工。随后第 4 章分析了选品牌的标准和现象。第 5 章和第 6 章，又细细碎碎地掰开来讲述了卖产品的营销话题。这一章，我们来谈谈顾客以及顾客的管理。

在百达可以团队看来，经营美容院，如果搞定了员工又搞定了产品，自然就能搞定顾客。而所谓搞定顾客，有两个核心要素：一是搞定顾客的需求；二是搞定顾客的客情。这两个要素直接影响到是否成交，影响到业绩好坏。

生态运营系统在顾客管理这个板块上，细分出了两个焦点。第一个焦点是需求管理，第 6 章的内容里面已经有了讲述。第二个焦点则是客情管理。我们把这两个焦点定义为两个子系统，分别是需求管理系统和客情管理系统。要做好顾客管理，必须两手都要抓，两手都要硬。需求就不再赘述了。现在我们把注意力放在客情这个焦点上。

问世间情为何物，教顾客刷卡相许？客情是什么，需要解释吗？还是要的。客情：产品或服务的提供者与客户的亲密度。不过这话说得有些干巴巴的没感情。那就换个说法，客情是什么？客情是指顾客跟美容院之间的，尤其是跟美容院人员之间的交情、感情、情面、人情关系。

美容院经营得好与坏，有很多指标可以衡量。其中有一个软指标就是客情的好坏程度。因为在客情二字的背后，隐藏着一些更为重要的词汇，如信任度、满意度、认可度。假如客情好，则意味着顾客对美容院的信任度高、满意度高、认可度高；假如客情差，则意味着顾客对美容院不信任、不满意、不认可。客情既是软指标，也是店内生态情况最直接的写照。

当美容院要发起一轮业绩运活动，如果以上“三度”都有良好的基础，业绩目标是很容易达成的。反之，如果顾客对美容院不信任、不满意、不认可的话，要达成业绩目标则会障碍重重，事倍功半。由此可见，客情的好坏对美容院的经营而言有多么重要。

人们常言道，感情是不能用金钱来衡量的。说这句话的人，其本意是想表达如果用金钱来衡量感情，是对感情的一种玷污。但事实上，有时候，感情还真是可以用金钱衡量的。

我们在大街上的电线杆上，时常能见到重金悬赏家中走丢的猫、狗的广告，悬赏的金额有时会达几千甚至上万元。这些猫狗的主人都是富翁吗？未必。但是他们为什么愿意花这么多钱找走丢的猫、狗？因为有感情。在人与人的交往中，当一个人跟你的感情越好时，他（她）就越愿意为你花钱。愿意二字才是关键。亲人、朋友之间是如此，顾客跟你之间亦是如此，人和猫狗之间也是如此。这就是用金钱衡量感情的基本标准。

在美容院的世界里，顾客愿意因你的推荐而花钱，就是因为有客情在。**其实美容院与顾客的人际关系，是社交的一种形态。即便它是建立在服务的基础上，仍然是一种社交。只是这种社交涵盖了很多人情与往来、付出与回报、价值与交易、信任与伤害。**

院长们，来，互动一下。

百达可以：请问院长，你们觉得客情重要吗？

众位院长（很整齐地回答）**：**重要！！

百达可以：客情会直接影响到成交，你们同意吗？

众位院长（异口同声地回答）**：**同意！！

百达可以：所以我们一定要把客情做好、维护好，是不是？

众位院长（干脆利落地回答）**：**是的！！

百达可以：那么请问，你们为客情做了什么？

众位院长：嗯……

百达可以：为什么顾客会流失？为什么成交会艰难？为什么业绩不好做？

众位院长们开始集体陷入呆滞和思考中。

……

我们曾经以不经意的方式，问过 N 家美容院一个问题：你家的客情好吗？又或者，你店里的客情怎么样？一般我们会得到三种答案：客情挺好的；客情还可以；客情不好。

如果再问： 客情好的顾客有多少个？

院长通常会这样回答： 有一部分吧。

如果追问： 一部分是多少？

这个时候，院长会给出大概的数字： 一二十来个。

如果继续追问： 你说挺好的是怎么个好法？

院长的回答就会开始变得迟疑，答案变得含糊不清。

最后问： 这一年来，你做过拓客吗？

多数美容院院长的回答都是： 做过！

看出问题来了吗？

当院长回答“有一部分吧”或者给出大概的数字时，就说明这位院长对客情好的顾客人数是不够明确的。另外对于院长“一二十位”的回答，就说明这家店剩余的多数顾客的客情是不怎么样的。而那些一年内做过拓客的美容院，就说明该店的顾客在流失。顾客流失，也就说明客情不够好。

有一次，百达可以首席咨询师张欢老师接待福建的一家美容院的院长林小姐。

张　欢： 林总，你店里的客情好吗？

林小姐： 我家客情挺好的呀，我经常跟顾客一起吃饭，旅游什么的。

张　欢： 那你家有多少个顾客？

林小姐： 嗯……两三百个吧。

张　欢： 那经常跟你在一起吃喝的顾客有几个？

林小姐： 现在少了，只有七八个了，以前有十多个呢。这两年有些顾客搞融资借贷搞破产了，都不怎么来店里了。

张　欢： 那就是只有七八个顾客属于客情好的喽。

林小姐： 呃……这个……

张　欢： 你去年做过拓客吗？

林小姐： 哦，拓客啊，倒是做过一次……

这个林小姐属于那种典型的只会围着几个超级大客户打转的院长。她本人是个很会察言观色、八面玲珑的女人，待人接物有礼有节，又不失亲和力，非常擅长维护人际关系。但是，她维护的仅限于少数顾客，并且都维护得很好，以至于她会产生一种错觉：认为自己跟这些大客感情不错，似乎她店里的客情都很好了。实际上她的店客情很糟糕。

2015 年林小姐的店年度业绩 980 万元，但是那 8 个超级大客就消费了 882 万元。剩下 182 个顾客仅仅贡献 98 万元的业绩。是那 182 个顾客没钱吗？肯定不是。而是她的美容院跟这 182 个顾客之间的客情关系不太好。有一部分属于客情一般的，剩余大部分属于客情差的，甚至有些顾客处于冰点状态，随时会流失。这 182 个顾客对她的美容院的信任度不高，满意度也不高，认可度也不高。因而，买单的次数必然少，买单的金额也必然低。

由于当院长的林小姐眼中没有这些顾客，员工自然也不太会把这些顾客放在眼里，放在心上，对这批顾客自然不会做出针对性的行动去挖掘需求，去增进客情。总体来说，这家店对顾客的开发处于听之任之的半停滞状态。

我们不妨大胆地想象一下：如果林小姐的店，剩下的182 个顾客的客情也很好的话，好到那七八个超级大客的程度的话，业绩会出现什么样的变化？业绩是不是会翻很多倍呢？肯定的！换一种说法：林小姐的店如果想让业绩增长 3～5 倍，其增长的空间就是来自那 182 位客情一般以及客情不好的顾客。而机会点，则来自客情的破冰、扭转和改善。

诸位院长，你的美容院业绩增长的最大机会点，是来自那些平时不买单的、不成交的、客情不太好甚至客情很差的顾客身上。其实 99% 的美容院的业绩增长空间，都是来自这个点。但很遗憾，这个点是 99% 的美容院思考的盲区。今天告诉你了。你一定要牢牢记住。最好写下来在案头，免得忘了。亲爱的院长，只要你能将少数客情好的顾客“置之不顾”，把焦点转移到那些客情不怎么样的顾客身上，把坚冰破除、客情提升，你的店必然会充满希望，业绩也会一路高涨。

伤（客）情三把刀

审视当下中国美容院的总体客情现状，其实很不乐观。我们会发现大多数的美容院，都只是跟店内少数顾客有着良好的客情，跟剩下的多数顾客的客情都是一般的，甚至是很差的。客情不好，是全行业美容院都面临的问题，是阻碍业绩提升的绊脚石，也是一个无法立即打破的瓶颈。导致客情不好的原因有三种，我们往往称之为三大元凶，或者伤害客情的三把刀。

伤情第一刀：习惯性挑客

什么叫习惯性挑客？举个例子：亲爱的院长，请想象一下，此刻你可能在家里，也有可能在美容院的办公室里。你正拿着这本书看得津津有味。假如，你现在放下手中这本书，然后起身迈开你的双腿，走进自己的店里。在你走到店内的大堂时，恰好遇到了两个顾客在前台。其中一个顾客是年消费 100 万元的顾客李姐，另外一个顾客是年消费 5000 元的顾客 ××。请问你会对谁更加热情一些？

毫无疑问，你 100% 会对年度消费 100 万元的李姐露出如花般的笑脸，然后热情洋溢地迎上去，然后对她说你该说的话，做你该做的举动。你的反应就像吃了兴奋剂一般，勾肩搭背、嘘寒问暖，就连说话都会有些肉麻（写到这里，作者浑身打了一个冷战）。是这样的吗？

那么，李姐旁边那个年度消费 5000 元的顾客 ×× 呢？你对她的笑容会依旧那么灿烂吗？我们跟你打赌，赌 10 万块钱，你绝对不会。我们甚至极度怀疑，你很有可能叫不出这个顾客的名字。（要不要再赌 10 万块？赌你叫不出这个顾客的名字！算了，你输定了，还是别赌了吧！）你最多是露出职业化的微笑，集礼貌、客气于一体。是这样的吧？

你再换位思考一番。假如，你就是那位年度消费 5000 元的顾客，此刻你会有什么样的感受？恐怕你会觉得不爽，会暗自来气，会觉得店家很势利，会觉得自己被冷落了。或许不同的人感受会有所不同，但可以肯定，几乎都是不好的感受。

再做一个假设。假如，有一天不小心有人悄悄告诉你：其实那个年度消费 5000 元的顾客 ××，是你们当地隐形的第一富豪。你听到这个消息之后，又会有什么样的感受？你或许会震惊、意外，会唏嘘不已。你肯定还会专程跟你的店长如此这般地交代说：这个顾客，你要引起重视，要对她好一点，你要……”

以上这个情景说明了什么呢？说明你在挑客啊！你的反应就是挑客的一种典型的表现。因为天长日久，你都养成条件反射般的习惯了。那既然，你会这样对顾客，你的员工自然也会这样对顾客。天长日久，挑客就成了你店内的一种企业文化了。

一家美容院只要存在挑客行为，就别指望客情能有多好。

院长们想想看，你的员工变得很势利眼。当她看到穿戴好又气质佳的顾客，就笑得面若桃花；当她看到穿戴普通花钱不爽快的顾客，就变得冷若冰霜。可是人不可貌相啊，你店里那种最招摇、最爱显摆的顾客，还真不一定是最有钱的顾客！而你的员工不专业，就会把真财神撵出门。这个现象太普遍了，很多店里都存在。请问谁愿意花钱买脸色看？你愿意吗？你肯定不愿意。那么理所当然我也不愿意，你给我脸色看我就不来了呗。有什么了不起的，美容院多了去了，老娘不来你家就是了……

顾客是越挑越少的，而顾客是你的家底子。为什么你会觉得有效顾客越来越少了？被你的员工给挑走了！而有效顾客一旦少了，就成为员工做不出业绩最好的借口了，她会跟你嚷嚷："顾客那么少，所以不出业绩，不能怪我，这不是我的问题！"

你信吗？信了，那么你就会去做拓客，找更多的新顾客给她们挑挑拣拣。很多美容院就是听信了员工的一面之词而做出这样的决策的。

伤情第二刀：三不管

有一种顾客叫着"三不管顾客"。即美容师不管、顾问不管、店长也不管。我们发现，很多美容院里都有一批这样的顾客。她处于很孤独的状态。为什么孤独呢？因为没人理她。她是一位孤独的顾客。

当她来到你的店里，首先没人叫得出她的名字，因为她看上去很不起眼。大家对她没有什么深刻印象。另外，她的消费不高，她的穿着也非常普通。这样更加不会引起美容师的注意。也许她不够幸福，所以她的脸上也没有太多的笑容；也许是她的性格天生内向，因此她不太懂得跟人交流。她不会每周到店，而是三个月到店两次，或者两个月到店三次。她来的时候未必开着豪车，她走的时候更没有司机在门口等待。店里没有人知道她的职业，没有人知道她的收入状况，没有人知道她的喜好。她的档案上只有稀稀拉拉的基础信息。

或许有人尝试过一次甚至几次给她推荐产品或项目，但是不知道出于什么原因没有成交。有可能是被她拒绝了，也有可能是推荐的产品她没感觉，也有可能是推荐的项目不符合她的需求，她没看上。反正，她给你的顾问和店长留下这样一个印象：就是她不会买任何东西。于是顾问、店长们干脆不在她身上浪费时间了，把注意力放到其他顾客身上去了。美容师也不愿意跟她说太多话，因为跟她说话总是没什么反应，干脆就只服务不说话吧。从此以后，就再也没有人主动找她卖东西了，再也没有人理她了。她成了一个“三不管顾客”，店长不管她，顾客不管她，美容师也不管她。在过道里遇到她，你的员工甚至都不会跟她打招呼。全店上下，没有人知道她的需求是什么。没有人知道她的满意度高不高，没有人了解她的一切。久而久之，大家都忘记了她的存在。直到有一天她再也不来了，店里也没有人留意到。

亲爱的院长，请问一个“三不管顾客”能有什么客情呢？

“三不管顾客”的消费金额不高，所以对你的美容院似乎不重要。“三不管顾客”的性格孤僻，不好打交道，所以没人重视她，甚至懒得去关注她。她的客情应该只有 0 分。既然客情只有 0 分，那她对你的店也没什么可留恋的。于是她忽然有一天就消失了，再也不来你的店里了。你的店也没有人关心她的去留，走了就走了呗（顾问心想），也没有人为她的流失而被问责。“三不管顾客”流失的逻辑关系如图 7-1 所示。

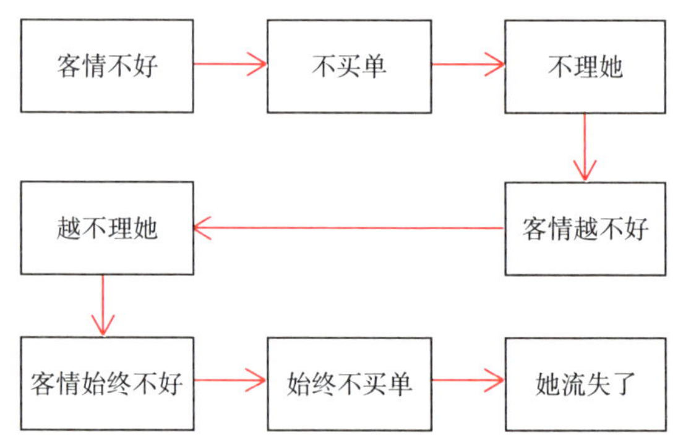

图 7-1 “三不管顾客”流失的逻辑关系

关于“三不管顾客”的由来。

第一，人的性格可以分为 5 种类型：天生外向的人；天生内向的人；外冷内热的人；内冷外热的人；不内不外不冷不乐的人。每一类性格的人大概占总人数的 20%。这符合所谓的二八定律。也就是说，每 100 个人当中，天生内向不爱说话的人大概有 20 个。**也就是说，你美容院的顾客有两成的比例属于这种类型。**

第二，人与人之间有一种本能的交往习惯：天生喜欢找性格好的人去交流，天生喜欢找愿意跟自己交流的人去沟通。这样的交往习惯就会导致“**人性上的擦肩而过**”。因此，注定了有些人不会走进你的世界与你相谈甚欢，注定了你会跟某一类人成为共同的群体。

第三，当你的员工遇到性格内向、不好说话的顾客时，**她会习惯性地做出“你不理我那我也不理你”的反应**。于是，她跟顾客之间就会发生“**人性上的擦肩而过**”，无法进入良好的沟通当中，也就无法跟这些顾客建立客情。这些顾客就成为“三不管客人”，被归为无人问津的顾客群。

第四，20% 的顾客天生外向好打交道，客情比较好建立。20% 的顾客天生内向不好打交道，跟她的客情要想办法才能够建立。需要提示的是：销售本来就是要去征服那些不好搞定的顾客。去获得他们的认同。这句话你认同吗？这些顾客在你这里不好打交道，在别人那也不好打交道。如果你率先破冰成功了，她们恰恰就会成为最忠诚的顾客，成为不会随便流失的顾客！遗憾的是你的员工们都放弃了。可惜呀！

以上四点，你看了是不是有所启发？

留一道作业：请院长去盘点一下自己店里的顾客。有多少是“三不管客人”，有多少属于天生内向的顾客，再去思考破冰的策略。你能否增加 20% 的忠诚顾客，就在你的一念之间。

伤情第三刀：ABC 分客

绝大多数美容院，喜欢根据顾客的消费能力把顾客分成 A、B、C 三类。只要花钱多的就是 A 类客户；花钱一般的就是 B 类客户；不花钱，把口袋捂得死死的就是 C 类客户。

不知道美容院是从哪年哪月开始这么对顾客分类的，也不知道传播这个分类思想的罪魁祸首是哪位行业大侠。反正，ABC 分客的思想在美容院非常盛行，普及率高到可怕，对美容院的危害也非常深刻。如果要对危害行业的思想观念进行排名的话，ABC 分客这个观点非冠军莫属。

ABC 分客就像一种会引发癌症的小病菌，日积月累，时至今日，它已经变成了美容院从业人员意识当中的恶性肿瘤。让我们用手术刀划开肿瘤来仔细瞧瞧，看看到底咋回事。

首先，只要你的店里对顾客做了 ABC 分类。你的员工就一定会对顾客在态度上、言语上、关注度上有区别化的对待。这点你同意吗？俗话说顾客是第一位的。但是似乎在你的美容院里，“钱多”的顾客才是第一位的。因为有这样的分类，你的员工难免会对所谓的 A 类客户很热情，会对所谓的 B 类客户比较有礼貌，会对所谓的 C 类客户不太理睬。

这样一来，员工们不自觉地又开始挑客了。只要他们挑客，顾客与美容院的客情关系也一定会分为 A、B、C 三种程度的客情。即客情好的，客情一般的，客情差的。

A 类客户得到了贵宾般地服务，满意度高，越发愿意消费花钱。

B 类客户也许很有钱，但是没有得到贵宾般的服务，满意度一般，不太愿意继续花钱。

C 类客户也许最有钱，但是她很冤枉，被你们误以为是穷人，不招待见。这类顾客得到的服务或尊重差强人意，一肚子不爽，怎么可能心甘情愿地在你店里消费花钱？**有的顾客在你的店里是 C 类，在别人的店里却是 A 类客户。她在你的店里一毛不拔，却在别人的店里挥金如土。**这样的案例还少吗？

亲爱的院长，让我们仔细想想，成交最大的依靠是什么？是客情对吗？如果客情好的顾客只有 A 类客户，那你就只能去成交那些为数不多的 A 类客户了。每当厂家派来一个老师到店里销售，都会向你要 A 类客户资源去成交，因为 A 类客户有钱并且容易成交，厂家老师目标很明确，他们也要赚钱呀。

同时，每当代理商公司来一个老师到店，也会找你要 A 类客户资源去销售。当厂商老师不到店时，你和你的员工自己做业绩，你们能成交的也是以那些 A 类客户为主。倒不是说 B 类、C 类客户顾客你没能力成交，而是由于 B 类、C 类客户的客情不好，成交难度会很大，成交的次数会很少，成交的金额会很小，耗费的时间会很长。而你的团队、你的员工可能没有那个能力也没有那个耐心去攻克这些难啃的碉堡。所以，你们只能把大部分的精力和业绩的希望，寄托在那些为数不多的A类客户身上。于是你可怜的A类客户就成了反复被成交的对象。A类客户好忽悠，A类客户就像一个软柿子似的，好捏！

久而久之，你的A类客户就被透支了，A类客户受伤了，然后就不愿意掏钱继续购买产品或项目了，变得斤斤计较了。于是你的生意就难做了，你的业绩开始下滑了。这个时候你会怎么办？大多数的美容院都是条件反射般地做出一个反应：搞促销——妄图通过促销优惠拉动业绩。

然而促销次数多了，顾客又不买账了。这个时候的你又能怎么办？大多数美容院又是条件反射般做出了一个决定：做拓客——因为新客人好像比较好搞。并且，你心里还暗暗指望着：拓进来的新客人里面会有一些高质量的A类客户。于是你就做出了拓客这个貌似很英明的决策。你给拓客公司打了一笔钱，通过各种手段把顾客哄进了门，还赔着笑脸。随后，你的美容师们又把新进门的顾客分成A、B、C类，然后继续对新顾客挑挑拣拣，给新顾客脸色看。伤害与被伤害的故事又再度上演。客情恶性循环链如图7-2所示。这样的恶性循环，在你的美容院里周而复始，没有尽头。请问，是不是这样？

还有一件更可怕的事情要告诉你！

由于你把顾客分为A、B、C类，必将导致员工挑客。大家都想做大客嘛。于是B类、C类客户被怠慢，于是她们

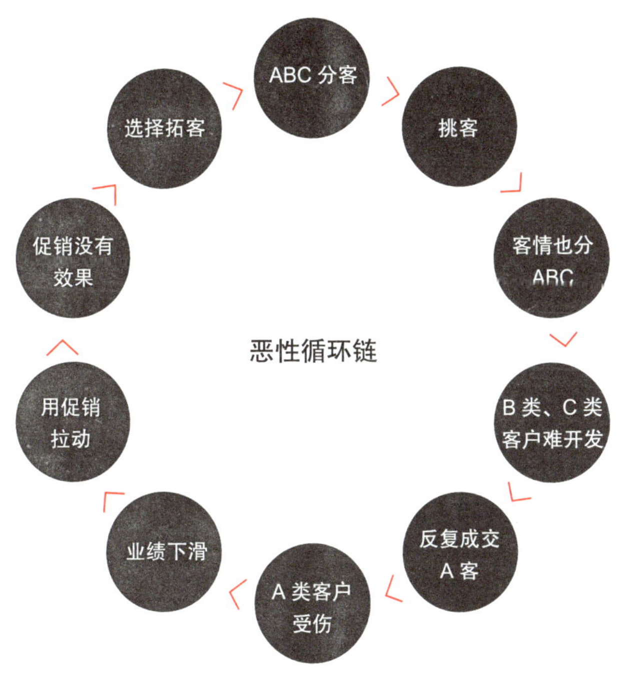

图 7-2 客情恶性循环链

逐渐不进店或彻底流失了，从而导致美容院的客流量减少，每天可能只有三四个顾客到店。难怪很多美容院都哭喊着没顾客。然而有限的客人进门后，基本上都是老美容师在做服务。对吧？于是，新手美容师没有机会赚钱了或者赚钱不多。因此就造成人员的进一步流失。这个时候，你店里的员工架构会变成只有熟练的老员工和学徒工两种，这时，你做业绩就要看熟练的美容师——老员工的心情了。她甚至会不受老板的约束，会跟老板拍桌子。这样的店还不少。你作为老板开始受制于人，受制于自己的员工。你的员工开始让你受委屈了，是不是这样？

在她们看似谦恭的表情后面，其心里真实的态度往往却是：

老板，我要加薪，你敢不答应吗？

老板，我要请假，你敢不批准吗？

老板，我要你哄着我，你敢不接受吗？

你已经没有主动权了。你开始胸闷、愤怒，甚至开始睡不着觉了。你开始四处找方法、找对策。这时，有个培训公司说："你要参加我的学习班，可以学会如何留住员工。"你就报名了，钱是交了，可是你学到了什么呢？

还有最可怕的，你的老员工跟 A 类客户的感情很铁。忽然有一天，一位 A 类客户觉得现在生意不好做，钱放银行利息回报太低，不知道投资什么项目好。于是，她找到你的老员工说："妹妹，我来投资一家美容院，你不用投资，我送你 30% 的股份算是你的技术入股吧。"于是你的老员工心动了，不但跟着那位 A 类客户走了，甚至带着其他几个跟她熟悉的 A 类客户一起走了。她创业去了！你再次感到心塞、心寒、愤怒、委屈，但是，却无济于事。

以上种种悲催的局面应该赖谁？只能怪你自己搞 ABC 分客。（你还记得是谁教你对顾客做 ABC 分类的吗？）现在追究责任已经无济于事，你也无法挽回这些年的损失，还是好好反思一下如何挽救局面吧。ABC 分客的因果链如图 7-3 所示。

有一个点，我们需要看清楚。

你的 ABC 分客是你的美容师分出来的。而你的美容师拿

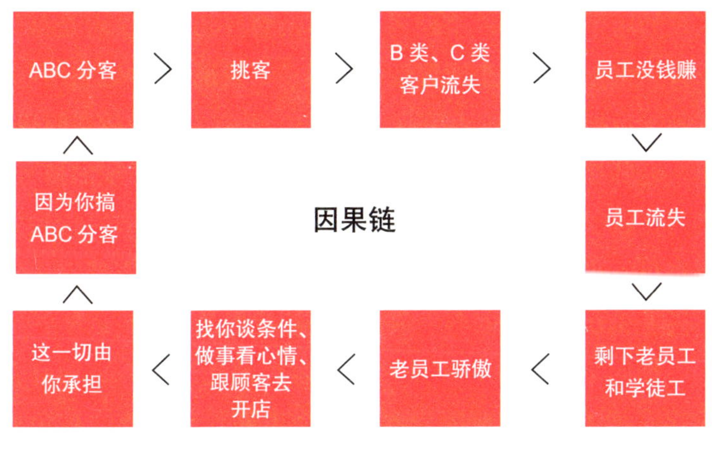

图 7-3　ABC 分客的因果链

什么评断顾客有没有钱？她们评定这个顾客 ABC 的标准往往是：在我手上好不好出单，有没有出大单！可是你们想一想，顾客往往有几家美容院的卡，在你家是 C 类客户的，为什么在别人家花几万元、十几万元？顾客在你家是 C 类客户，为什么在别人家是 A 类客户？是顾客消费能力的问题，还是我们开发能力有问题？这样的顾客在你家如果有五个，一年下来你损失多少业绩？如果这样的顾客有十个，二十个呢？

要让你店里的顾客，从一毛不拔变成挥金如土。首先你需要转变的一个观念是：不把 C 类客户当 C 类客户！在百达可以团队的案例当中，有无数个 B 类、C 类客户成为 A 类客户，多得数不清。

2014～2015 年间，百达可以公司总经理汪东老师，服务了山西一个大型连锁企业玫香 Y（服务前玫香 Y 连锁一共 30 多家店，服务后现已经扩张到 90 多家）。在玫香 Y 长治区域的店里有这样一个顾客，进店消费好几年了，可是每年只买一张年卡。这个顾客性格孤僻、不爱说话，从店长到美容师，都把她当成所谓的C类客户，没有人把她放在眼里。汪东老师接到该店的案子以后，通过生态运营系统的植入，店内打破了顾客管理的旧有框架。两个月过后，有一天顾问高兴得不得了，跑来说："老师你知道吗，她可有钱了，一下买了3万多块钱的养生项目，还给我们送锦旗！"

细问之下发现，原来这个顾客以前是当地一家国有企业的一把手，3年前因为卷入一个事件受到牵连，被免职了！这一下心理落差可大了，3年来，独来独往！顾问通过关心、沟通，慢慢地打开了她的话匣子，逐步建立了一点客情，成了她说话的对象了。一聊才发现，她在美容院后面几百米的地方就有两栋别墅，空着没人住。美容师问她："为什么不租出去？"她大手一挥："唉，麻烦死了，能租几个钱？"就是这样一个顾客，由于不把她当C类客户看，想方设法去沟通，找准了需求一下子就让她买了3万多的养生项目！解决了她的问题，获得了她的认可，她居然还给美容院送锦旗，为什么送锦旗？她说玫香Y不仅给她推荐她需要的养生项目，让她身体变得越来越好，更让她走出了过去的心里阴霾。她亲口对店长说："玫香Y给了我第二次生命！"

小结：伤情自古多离别！更那堪，冷宫赏秋月

有伤情三把刀在，何愁顾客不流失？伤情毁基业。顾

客伤的是感情，美容院伤的是口碑、是信任，是长久的业绩和利润。

亲爱的院长，你们一定要相信，在你数量庞大的 B 类、C 类客户中，隐藏着大把大把的 A 类客户。你无法真正地区分谁是真正的 A 类客户，谁是真正的 B 类、C 类客户。因此你唯一能做的，就是把所有顾客都当成 A 类客户对待。你要切除意识中的肿瘤，抛弃旧有的恶习，重塑顾客管理系统，身体力行地去影响你的团队、你的员工，结束挑客销售，结束三不管现象，结束 ABC 分客。**只有你在观念上破除 ABC 分客这个瓶颈，才有可能在工作中打破实际的瓶颈。**

美容院要维护客情，必须避免伤客的情况发生。作为美容院院长，你应该把会伤客的各种情况写下来，然后提醒自己和团队。譬如：①推荐顾客不需要的东西会伤客；②冷漠不关注会伤客；③势利眼会伤客；④服务不好会伤客；⑤偷工减料会伤客；⑥效果乱承诺无法兑现会伤客；⑦硬销会伤客；⑧让顾客碍于面子而花钱会伤客；⑨顾客老是约不到位会伤客……

思考题

1. 如果现在你又回到了店里，在大堂处，你又遇到了两个顾客。她们分别是年度消费 100 万元的顾客张姐和年度消费 5000 元的顾客 XX，你会对谁更加热情？你打算怎么打招呼？你打算怎么表达？
2. 你怎样教化你的员工，让她们跟你一样打破这个观念上的瓶颈？

所谓知易行难，只有知行合一，才能彻底改变。

跟顾客谈“情”说“爱”

我们相信，每家美容院都很在意客情的维护，都希望能把客情做好。但是关心则乱。在维护客情这件事情上，美容院往往缺乏章法、缺乏思路，并且还会拿捏不好分寸。为了维护客情所做的举动未必是对的，未必是奏效的，对客情的判断甚至还会陷入误区当中。

很多美容院的员工会拿业绩换客情。拿业绩换客情能理解吗？就是她自认为她跟某某客户感情很铁，谈钱伤感情，于是为了客情不敢谈销售。不谈销售谈什么呢？谈心呗！美其名曰做客情。

美容院的员工普遍都比较年轻。小姑娘们一个个看起来精明的不得了，实际上都很单纯！她们常常会因为顾客说家里如何如何不好，跟着掉眼泪。说的人没事，听的人先哭了！到了收欠款的时候，顾客说家里刚买了套房子，还在装修，手头很紧张，然后员工就觉得再谈钱就太不应该了，太不地道了。人家都说了手头很紧张嘛，回过头还要劝老板：“院长啊，别追那么紧，人家才买了房子，最近真的没钱呢。”小丫头一脸单纯且傻乎乎的，实在是让人无语。她不曾想：顾客买房子跟你有什么关系？是给你买的？你要关注的是顾客的需求！顾客是为自己的需求买单！又不是把钱捐给你！你有什么不好意思的？

有的小丫头误以为跟顾客聊天聊得很开心就是有客情。错！这种客情是虚假的，是自认为的客情。那种跟美容师聊天聊得很开心，但一说销售就立即不吭声的顾客，绝对不算有客情。这种顾客属于善于跟人相处打交道的人。也许她无论在哪里，都能跟人混得很熟。

还有一种很圆滑的顾客，很多小姑娘往往容易被这样的顾客迷惑。就是一对她说销售，她既不接受也不拒绝，然后跟你的员工说“我考虑考虑”，或者说“我下次再买”。这种顾客很会打太极，是绝顶聪明的顾客，一方面她成功地躲开了销售，而不是直接拒绝，大家都不会觉得面子上难堪；另一方面又给你的员工留了一些希望，下次她来店里你的员工依旧会对她很周到、很热情，会把她服务好，因为员工心里还指望着她能成交呢。下次来了，她依旧会有各种借口躲开销售。

很多人说开美容院的都是“骗子”，你知道其实很多顾客才是“骗子”吗？顾客说下次来买，买了吗？顾客说下次带朋友来，带了吗？顾客说下一次补齐欠款，补了吗？这种“骗子型”的顾客，会让员工们误以为跟她有客情。她们在美容院里往往左右逢源，混得不错呢。

闲聊八卦能够解闷也能够破冰，但闲聊不会有客情。

要真正做好客情，只有一个途径，那就是销售。用销售去满足顾客的需求，只有销售成功了才能满足需求，只有需求满足了才能增进客情。

有的员工甚至院长会认为做销售会伤客，因此不敢做销售。这要看你是如何看待销售，以及平时都是怎么销售的。如果你的销售是在卖方案、卖优惠、卖时髦，当然会伤到顾客。如果你卖的是需求，是解决问题呢？那就是理所应当。人家顾客进美容院是来干什么呢？是为了聊八卦去美容院的吗？当然不是！你们以为只谈心不谈销售，客情就会很好吗？闺蜜之间还经常发生口角呢，那可是无话不谈的朋友啊。何况你们跟顾客并不是朋友，你凭什么认为聊私事顾客就一定很喜欢呢？人家家里有几套房子，人家老公有几个女朋友，儿子有没有处对象，跟你有什么关系？人家面部皮肤该如何改善，身体该如何保持年轻态才是美容院应该关注的呀！你借着谈感情的幌子来掩盖销售的真正目的，以为很高明，以为人家会把心交给你，那是异想天开。就像你想进市中心，却在三环、五环绕了一百八十圈，绕来绕去把自己绕进去了！

若真想跟顾客建立铁打的客情，一定要销售，要满足顾客的需求！请大家试想：假如你长了满脸的痘，找工作都没自信，谈恋爱没自信，出门逛街没自信，每次出门恨不得把半瓶遮瑕膏都涂上。而我帮你把痘治好了，皮肤光滑如初了！你跟我之间这客情真会比闺蜜还铁！我满足了你的需求，解决了你的痛点，比聊一百年的八卦都管用！

从某种程度上来说，做客情就是做销售，做销售就是做客情。

要做好客情，就要像谈恋爱，像一个男人追求女人一样，去追求对方。销售成功了，就好比男人把女人追到手了。

男人为了追到一个女人，很多时候会用一个常见的招数——投其所好，在对方的“所好”点下功夫，去迎合女人，讨女人欢心。为了能够把女人追到手，要花很多心思。投其所好这招万一不奏效，紧接着就上第二招——死缠烂打。如果还不奏效，身边的兄弟会给他出谋划策（发挥群体智慧）。接下来也许会上第三招——欲擒故纵。如果还不奏效，就采用更加厉害的第四招——设计情景制造英雄救美来感动对方（发挥团队协作精神）。招数据说有很多种，有些招数充满心思。男人在追女朋友这个话题上，流传着一个所谓的七字诀：胆大心细脸皮厚！

同样，为了销售成功，优秀的卖手们都会盯着顾客的需求不放，并且下很多工夫，想尽办法，坚持不懈，步步为营，处处走心。优秀卖手的目的很清楚：与她成交！让她的需求得到满足。最会做客情的那个员工，往往就是最能销售的那个员工。做客情必须做销售，做销售必须做客情。二者无法割裂。

谈过恋爱的人也许会有这种印象：有一种女人很难追到手。但是一旦追到手以后，会对自己的男朋友死心塌地。这种女人，貌似就是你店里被打入“冷宫”的 B 类、C 类顾客。她刚到店的时候，也许你的员工追求过她，但是遇到障碍没有成功。这只是说明她很难追，不代表追不到。但你的员工很快放弃了。哪怕在放弃的时候，她已经心动了，再加一把劲就到手了。但是很遗憾你的员工不知道。要做好客情、扭转客情糟糕的局面，美容院的卖手们应该大胆地去追求那些客情差的B类、C类客户。天下有追不到手的女人吗？没有！所以，只要追，一定能追到手。若能做好客情，就能做好销售。用销售满足她的需求，感情才会越来越好。没有销售的客情，能有多深的感情啊？没有反复的成交，你敢说有真客情？

追求客情差的顾客怎么追？一句话：沟通，发起一轮又一轮的沟通！客情差的顾客跟你们是比较陌生的。从陌生到熟悉需要一个过程，需要有人采取主动，只有建立沟通才能熟悉彼此。你的员工如果不主动去做客情，就不会有客情。不主动做销售，就不会有真客情。

任何一种情感，都需要得到某种满足才能延续。男女间的感情，往往是通过沟通开始相爱。在恋爱初始，双方都能在相互取悦中得到情感精神上的满足。在热恋中，通过完美的性爱得到升华，感情逐步加深。最后通过历经风雨才能变得历久弥坚。在整个漫长的过程中，也需要用持续不断的满足来维系巩固。我们回顾婚姻失败的案例，无非是某种情愫或需求无法得到满足，继而发生悲情的故事。

客情的核心，是通过成交去满足需求，获得信任。再次成交，再次满足从而更加信任。同时，销售要做好，服务也要做好。售前售后表里如一才能提高满意度。**顾客是张信**

用卡，销售是刷卡，服务是还款，只有还款及时，信用额才能提高。

不断的满意才能升华客情，才会变成信任。信任度越高，销售难度就越低。信任度越高才会带来转介绍，带来口碑。客情越好，顾客才越不会流失。

成交三要素如图 7-4 所示，反复成交三要素如图 7-5 所示。

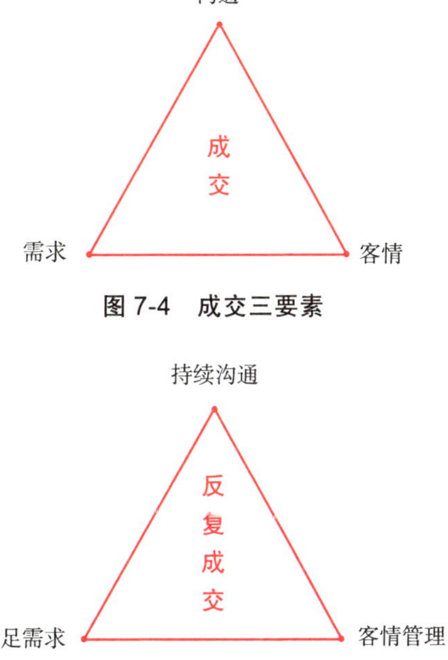

图 7-4　成交三要素

图 7-5　反复成交三要素

数据化客情系统

美容行业的咨询公司有很多，但没有哪个公司会把客情做成系统，做成一种能够量化的、可以测量的、可以用明确的目标来管控的系统。把客情做成数据化的系统，进行量化管理，是百达可以公司的一大系统创新，并且在服务的美容院当中成功落地。

建设客情系统其实是个蛮好玩的事情。在这里，我们向读者简单介绍一下数据化客情系统的概要和操作思路。不过这个版块无法详细描述。我们担心详细介绍后，美容院会生搬硬套，最终导致执行效果不好。因此只陈述概要，大家自己揣摩吧。

首先，我们将顾客做了三种分类的方式，让美容院选择一种方式采用。

第一，从客情分类。把店里的所有顾客分为客情好的、客情一般的、客情差的三大类。然后，要求美容院把焦点放在后两者客情的提升上。这是客情的瓶颈，必须用力突破。

第二，从熟悉度分类。把店里顾客分为很熟悉的、不太熟的、陌生的三类。然后，要求美容院也把焦点放在跟后两者混熟上。混熟了、破冰了，客情自然也就改善了。

第三，从需求分类。把店里的顾客分为很了解对方需求的、了解一点需求的、不了解对方需求的三类。然后，要求美容院把焦点放在研究后两者的需求上。只有找准了需求，才能快速破冰。

以上三种分类，其实是一个意思，只是角度不同。随便选择一种都行。

其次，做完顾客分类之后，接下来的具体工作有很多内容，要做很多的调研，还要进行数据的分析，对每个店的现状加以细致的研究，最终出台个性化的客情系统，交给美容院执行。

第一，对顾客做抽样调查。（提示：研究该美容院客情不好的普遍变现形态。）

第二，对店内的各个主打项目做卖点梳理。（提示：曾经的卖点或许不恰当，不恰当的传播会造成不恰当的期望值。）

第三，对过去伤客的各种习惯要起底。（提示：过去美容院的习惯有哪些伤客行为，寻找病因。）

然后，根据诊断的现状来制定恰当的客情行动步骤。行动步骤的关键点在于：要避免为了做客情而做客情，要避免将做客情变成讨好顾客，拍马屁。这是坚决不允许的。还有一个重点，做客情系统建设时，不能因为要做客情而忽略了业绩。这又将导致大错特错。

第四，调研完成后，将每个研究的事项全部要数据化。

第五，透过数据看到问题。

第六，根据问题来做客情运作的决策。

第七，通过决策制定方向。通过方向制定目标。

第八，通过目标制定任务。通过任务确定事项。

第九，通过事项明确分工。通过分工落地执行。

第十，通过执行检验结果。通过结果调整步骤……客情指数开始上升。

最后，客情究竟要怎么做？其实答案只有一个字：爱！

爱！

顾客！

爱顾客！

关心顾客！

把服务做好！

把顾客服务好！

把每个顾客服务好！

把顾客的满意度提高！

…………

以上几点，每家美容院院长都应该发自内心地做到。

拓客，红旗不倒，彩旗飘飘

你以为这一节内容会教你拓客？那你肯定要失望了。

如果你想学习拓客，建议去网上搜索，输入“美容院拓客”这个关键词，会冒出来密密麻麻的一大堆拓客的方式方法。关于如何拓客的话题，我们会在第二本书里阐述。在这里，只想简单抛出一些问题。让读者去思考！

你的店过去一年来做过拓客吗？

除非你是新店，不然的话，做过拓客就说明你的店有问题。一个美容院只要一年内拓过一次客，通常说明这个美容院的顾客在流失，进而可以证实这个店顾客管理没做好。这不是一个简单的流失再拓客的问题，而是一个系统的问题。如果系统不改变，拓了流失，再拓客再流失，有意思吗？顾客的流失就是业绩的损失，不解决这个系统性的问题，就会让店内陷入拓客、重新培育、再次流失的怪循环圈。

有些店月月拓，年年拓。拓客变成一个常态化动作，但是每年盘点下来，客户数量只减不增。为什么？如果你的美容院是这样的美容院，你应该深刻思考一下，原因究竟在哪里？而不是想着再次去拓客，是不是再拓一次客就能解决你的顾客流失的本源问题呢？

这几年来全行业都在拓客。到处都能听见美容院在喊：没有客流！没有客源！真的有那么缺顾客吗？真的未必！有些美容院往往不是真的缺顾客，而是对现有的顾客缺乏开发的能力。因此，很多美容院宁可耗费很多力气拓客，对陌生顾客给足笑容，给足优惠，将她们哄进门，却对经常到店躺在面前几个小时的顾客没有作为，或者无能为力。

有些美容院其实不是缺客户，而是在盘算着：在新拓来的那一大批客户里面，是否能淘到几个 A 类客户？用 A 类客户来支撑业绩，为了这个念头去做拓客。

你是否具备成交新客户的能力？有些美容院往往不是拓不到顾客，而是服务水平无能为力，无法留住顾客。当新客哗啦啦来个三五百人，你是否能够把三五百位新客户，通过你的服务和咨询成交，转化成你的有效客户？拓进来你能留得住才能拓，不然就是劳民伤财、多此一举。这个板块的能力不训练、不成长，每次拓客搞得热热闹闹，貌似生意红红火火，但是忙过半天，员工累得够呛，没成交、没钱赚，成为一个很廉价的劳动力，美容院到头来才发现竹篮打水一场空。

有些美容院盲目认为：顾客多 = 业绩多。这其实是非常浅薄且无知的认知。或许只有当她知道有的美容院 154 位有效客户一年的业绩可以做 1200 万元时，才会承认自己多么无能。有些美容院不顾自身的服务能力，盲目拓客。正如某店：明明每天只能接待 10 个顾客，却要再次拓进一两百个顾客。结果，服务人数不够，进了新客，流失了老客。猴子掰玉米，得不偿失！

在“百佬会”社群里，我们也讨论过几次拓客。有个优秀的美容院院长发表了一番挺有思想的言论。作者对该言论深表认同。搬过来给读者们看看。

1. 对于顾客来讲，值得和匹配很关键。你想要什么样的顾客，就培养什么样的员工。

因为与顾客亲密接触的是你的员工、你的美容师、你的顾问。

2. 当一个顾客以一种非常信任的方式，裸体坦诚相见时，你的美容师或顾问在做什么？

3. 你的顾客进来后，所见即所得，你的前台、美容师、顾问以及店长又在做什么，说什么，肢体语言在表达什么？

4. 老顾客为什么会从三天一次到店，陆续发展为五天一次，一周一次，甚至一个月都不到一次，对于这样的顾客，你的美容师、顾问、店长又在做什么？

好好思考一下吧：你真的缺少客户吗？你真的需要拓客吗？拓客是连锁反应，你准备好了吗？系统不变，拓客只是暂时性的解决方案。

最后我们想说的是：优秀的美容院不需要拓客！

最后我们要说的是：向从不拓客的美容院致敬！

CHAPTER8 • 第 8 章

聚焦业绩目标不放松

- 聚焦你的目标做管理
- 聚焦你的目标做监控
- 聚焦你的目标做激励

每一个决策，都是一张多米诺骨牌。你推倒一张牌，会顺路推倒很多牌。你说的每一句话，也有可能推倒一张多米诺骨牌！

运营思路对了，项目优质了，人员匹配了，剩下的就是如何确保执行到位了。我们通常说："失之毫厘，谬以千里"。再好的运营思路，再完美的执行方案，在执行过程中今天走样一点，明天走样一点，最后都会大走样，拿不到想要的结果，干不出想要的业绩。而作为美容院的运营者，你要确保团队有执行力，必须做到三点：时刻记着目标、时刻聚焦目标、时刻推进目标！

目标是你率领团队带领企业前进的方向。在美容院生态运营系统里，没有目标或者丢失目标是一件让人非常恐惧、也让人无法容忍的事。你企业的中长期目标是什么？当下的月度、季度、年度目标是什么？你正在每天、每时、每刻推动它吗？为了它的达成，你做了哪些事，这些事与目标真的有直接关系吗，还是可有可无？

聚焦你的目标做管理

在美容院的日常管理中，你做了多少与目标有关的事？

我们说过，要确保好的决策能执行到位，运营者必须时刻记着目标、聚焦目标、推进目标。也就是说，在日常的管理中，目标必须是贯穿的主线。你必须时刻在这条主线上，并像汽车的车道偏离辅助系统一样，在你的团队偏离目标时及时纠正，让她们回到正确的轨道上来。所谓“方向不对、努力白费”，这话很容易理解。目标在广州，你往北京走，能有用吗？

常常看到这样的美容院院长，每天把 80% 的时间都花在处理员工情绪上，而不是去想着怎样达成目标。今天小红和男朋友闹分手无心工作了，明天小蓝和婆婆闹别扭无心工作了，后天小绿跟店长起冲突要罢工了。每当这个时候，她都要去安抚，去讲人生大道理，最后把自己都快搞成居委会大妈了。

请问某些院长，你中枪了吗？碰到两名员工掐架找你评理，在评论谁对谁错之前，你有没有先问上一句：“你们的工作完成得怎么样了？”碰到小姑娘哭哭啼啼地找你诉说自己的男朋友多么不是人，你帮她擦干眼泪后，有没有再问一句：“亲爱的，这个月的任务还差多少没完成？”如果没有，你当的只是知心姐姐，而不是目标推动者。你相不相信，今天你帮着那小姑娘骂她男朋友，有可能明天人家和好了一起骂你。另外，你今天当亲姐姐一样的安抚她，明天她来请假说心情不好，需要疗伤，你有一大堆的顾客没人服务，这个假你批还是不批？

你要真对人家负责就让人家赚到钱，其他什么都是虚的。你要引导自己的员工：“人生不如意十之八九，十件事情中有八九件都不合你的心意，人人都一样，不如我们来谈谈目标吧。”这样的话，你给员工传达的是什么感觉：就是可以不开心，但必须要赚钱。有钱赚怎么都开心。是不是这个道理？

从企业的角度上来说，管理一定是建立在运营基础上的。运营一定是建立在目标基础上的。很多美容院，仅仅是一家200平方米的小店也去大谈国学式管理，带着员工去学习，拜师拜天地，搞得神魂颠倒，业绩却一塌糊涂。不合适啊！

我们见过很多店，每月业绩五六万元，还总喜欢带着员工去学爱的文化，学一家人的文化，学互帮互助的文化。这样的店谈什么文化管理、心态管理都不如扎扎实实地想着如何提升业绩，让员工赚到钱强。我们还服务过一家店，300多平方米，开了六七年了，月业绩不到10万元。我们入场后，第一个月把业绩拉到了 33 万元，第二个月 37 万元，原本打算第三个月冲刺一下看看能不能破 50 万元大关的。结果老板不知道从哪里被洗脑了，第三个月拦都拦不住地带领所有主管去参加一个心态课程。学习回来后，每个员工都开始不谈目标了，改谈爱，也不主动分析顾客了，店长一追问目标，员工就说店长没有帮助的文化。言下之意：我目标没完成店长不应该追问我，应该发扬帮助的文化，应该自己主动上。目标开始成了摆设，人人都愿意躺在爱的文化里，躺在包容里，不去完成目标。结果可想而知，知道第三个月的实际业绩是多少吗？ 10 万元！当你的管理不以目标为导向，而是聚焦在情绪、文化、心态上的话，结果就是这么可怕！

亲爱的院长，你有没有中枪？没有中枪就继续往下看。如果有中枪的话，就去面壁思过五分钟再回来看吧。

我们这个行业很多老板娘都有完美情结，对自己的店比当初选老公的标准还高！只要到了店里，她就能发现一堆问题出来。比如，张欢老师服务过的浙江某店。院长从进店到坐下来不到十五六分钟的时间里，就能讲出十多个不满意。譬如货品陈列没按要求，哪个角落要摆个花瓶，档案本放在桌上没罗列整齐，等等。老板一指出问题，员工肯定要整改呀。于是员工开始围绕十个不满意改正，日会上店长把这十个不满意拿出来制定奖罚机制，接下来每天监督检查。一个月下来，大家 80% 以上的精力不是花在顾客身上和如何达成月初目标上，而是被这些可有可无的事情给消耗掉了。最后，张欢老师不让老板去管这些琐事，没过多久我们就发现：那个角落依然没花瓶，顾客却更喜欢到店了，货品陈列还是老样子业绩却翻了一倍多。当你把目标放对了，员工方向感才明确，业绩才会好！你每个月花了 80% 的精力在做跟业绩无关的事情上，所以你只能得到 20% 的业绩！

我们这个行业还有一种管理现象，就是什么都抓标准化！

比如：有一种标准化叫作客情标准化。我们在湖南服务过一个客户，接案子的时候有三家分店，只有一家店有店长，另外有一家从店长到美容师全是新人。为什么？因为老店长带着顾问、美容师集体辞职了。店里客情差到不可想象。建设生态运营系统进入到第三个月时，有一天老板娘来电话说店里 ×× 顾问要辞职。我们一听吓了一跳，要知道提出辞职的那个顾问是唯一的老顾问。我们进场时，这家店一个月的业绩 5 万～6 万元，到第三个月，这个顾问个人业绩已经连续两个月都超过 15 万元了，现在她说要辞职，让人急不急？细问之下才知道，原来就在头一天晚上，老板娘训了这个顾问一顿。什么原因呢？原来店里以前引进过某种感动顾客的什么服务系统。系统里有这样一个要求：你负责的顾客只要过生日，除了自己给顾客发信息祝贺外，要通知所有店里的员工甚至别的店的员工一起给顾客发祝贺信息。结果呢，这个顾问昨天有个顾客过生日，她自己给顾客发了，没通知其他员工，老板娘因为这个狠狠批评了她！老板娘的理由是：“店里一直有这个要求，如果我不说她，那别人也不做，这个标准习惯不就废了吗？”

各位，这位过生日的顾客以前客情差的一塌糊涂，总是不出单，现在客情比以前好了，还买了两次单了。按说这个结果应该得到肯定。但是该老板娘却似乎没看到，她不以结果目标去要求员工，而是以标准去要求员工。这样就显得过于死板了，结果把最优秀的员工逼到了要辞职的地步。有这个必要吗？美容院要培养的是能力优秀的员工，而非仅仅培养听话的员工。很多有能力的员工就是这样被死板的标准管走的。通常，有点能力的员工一定会有自己的想法和个性。如果你用结果和目标去管理员工，给她们充分发挥的舞台，你的企业或许能吸引更多优秀的人才到来。尤其是在你的企业还很小的时候，根本不需要将标准定得那么死，更犯不着为了维护一个标准而吹胡子瞪眼，会显得小题大做了。在企业还小的阶段，抓标准就是务虚的行为，聚焦管理业绩目标才是最务实的行为。不知道各位院长认不认同？

聚焦你的目标做监控

除了每天的目标日常管理外，每周、每月、每季、每年，美容院都有必要对上一阶段的目标进度做总结，对下一个周期工作做分析和部署。而这种周期性的目标控制和推进，基本上靠的是周会、月会、季度会以及年度会议来进行的。有趣的是，很多美容院都不太擅长开总结会。会议开得很没有章法。我们亲眼见过一些美容院开会，那真是开得乱七八糟、一地鸡毛啊，让人感到啼笑皆非。经过我们的总结，美容院没有章法的开会形式大致上有四种，接下来我们逐个展示一番。各位看书的院长，请自动对号入座。

批斗会

这种会议，从会议一开始，老板或者经理走上台就开始教训人，能够从第一个员工骂到最后一个员工。此外，老板和经理还常常组合起来“吊打员工”，老板累了，经理出马；经理累了，老板上场。似乎骂人就可以解决问题。会议中的员工们，心理素质差的，头能埋进两腿之间；稍微坚强一点的，则面露固定式的微笑；还有的员工，则从她呆滞的目光中能够猜测到她是处于游离状态，估计她已经游离到中午吃烧鸭饭还是盖浇饭那里去了。

表现形式：

老板：你们自己看看这个月是怎么做的？

员工：……

老板：你们到底有没有在用心工作？你们为什么没有完成目标？

员工：……

老板（指着其中一个员工）**：**我上次去公司看见你连休 3 天？为什么业绩做得不好你还请假？

员工：……

老板：你们知不知道？我们现在这个业绩是亏损的？你这个店长怎么做的？

员工：……

一个小时后，老板下台休息，换经理上台吼。整个会议的氛围是沉闷压抑的。

茶话会

会议的主题并非围绕目标而是围绕着“八卦”和“琐事”进行。明明是研究客户的需求变成：“哎哟，你不知道，这客户我今天才知道是当小三的，那天她情人来接她了。”又或者“我说×××，你们的空调怎么不关？不知道这样很浪费电吗？”又或者“淋浴房的热水器坏了，已经两天了还没修好。”又或者“对了，我们店厕所的异味太重了”……

最后能扯到某某商场最近某个品牌跳楼大促销，大家要不要下班后一起去团购；下个月谁的表姐要结婚了，应该买什么礼物送合适……叽叽喳喳不着边际，真是无奇不有。这个庞大的女性群体，体内对于八卦和琐事的洪荒之力，在总结会上展露无遗，真是让人脑洞大开。

表现形式：

老板：这个月怎么样啊？

员工：业绩情况是这样的，巴拉巴拉，另外呢，店里有个非常重要的现象，大家每次空调都忘记关，说了好多次……

老板：怎么能忘记关空调呢？你们知不知道上个月电费有厉害，足足交了几千块……

员工：是啊，店里的热水器这个月也坏了。

老板：来来来，我们一起讨论下这个问题。

老板：巴拉巴拉，叽叽嘎嘎……

员工：叽里呱啦，咿里哇啦……

不知不觉，时间过去了一两个小时，大家浑然不觉，一个个都八卦得很兴奋。

好人会

会议进展很顺利，没有谩骂声、批判声，没有喧嚣、有压抑，呈现出一片祥和温馨，不过却多了恭维、讨好和敷衍。

没有人愿意正视自己和他人；没有人关注这个月度的劣

势和不足之处；没有人去总结思考，去寻找解决方案让工作做得更好。因为老板从来都是好好先生，从不说硬话；也许她丝毫不在乎企业出现的问题。也许她生怕抹黑了自己在员工心目中的慈爱形象。反正，她总是体态端庄、神态慈祥，举止优雅、风度翩翩。员工与员工之间，或者是员工面对自己，也从来不愿意反省自己的不足之处。

大家一直认为这种所谓的"和谐大家庭"氛围很好，很舒服，谁也不愿意破坏它。总之是你好，我好，大家好。你很棒，我很棒，大家都很棒。

表现形式：

老板：这个月大家辛苦啦，虽然我们没有完成目标，但是我看到大家这么辛苦，也不知道该怎么说。

员工：我们一直尽力、努力地在做！

老板：嗯嗯，我知道大家都很优秀，相信你们是最棒的，加油哦！

…………

问题会

会议中不可避免地会说到美容院存在的问题，但是却没有人清醒地认识到：说问题的目的是解决问题、寻找增长空间。而就问题找问题，结果是越找越多。问题会的表现是：一个问题接着一个问题，一个问题又滋生另个问题，所有人都陷入问题的漩涡，根本无法思考，最后被问题牵着鼻子走，甚至到最后都不知道为什么要说这个问题。

表现形式：

老板：说说吧，这个月什么情况？

员工：老板，我们这个月客流很少。

老板：为什么？那怎么办？

员工：我觉得要拓客，我们的东西也太贵了，客户都不敢来了。

老板：那这个月我们做一下促销吧。

员工：我觉得既要做促销还要做拓客……

老板：嗯……

于是大家开始七嘴八舌，为了解决问题A，要先解决问题B，为了解决问题B，又要先解决问题C，一直到问题H……

以上四种会议的版本，在无数美容院里上演着。这些会议都有一个共同特点——清一色的跟目标没什么关系，天马行空，想怎么开就怎么开，想到哪里就说到哪里，完全由着性子来。会前没有制定议题，或者原本有议题却发现了新的问题，焦点转移到了新的问题上……

美容院的会议应该怎么开

美容院的周会和月会，几乎就是美容院经营状态的写照或缩影。

一个目标不清晰的院长，在开会时就会没有核心的内容主题。

一个有目标但是经常偏离目标的院长，开会时就会出现大量无关目标的会议主题和话题。

如果一个小时的周会，院长不讲目标，团队就不会有目标。

如果一个小时的周会，院长讲 10 分钟目标话题，50 分钟讲杂七杂八的话题，团队照样不会有目标，或者目标感非常弱。

如果一个小时的周会，院长讲 55 分钟目标和业绩，团队就会被带入目标意识当中，并且在目标当中去思考，一旦养成习惯，目标与业绩就成了团队的日常工作核心。

如果一个小时的周会，院长用三分之一的时间讲行政、考勤、卫生的话题，团队就会认为行政、考勤、卫生也很重要，会分散精力在非目标的事项上。目标意识就会被削弱，执行就会打折扣。

会议的重点应该以目标为导向，围绕着目标去提前制定议题。

会议应该营造开放式的氛围，让团队围绕着议题展开讨论，直到得出结论。

会议应该围绕着目标去总结上一阶段的工作成败，围绕着目标去确定下一步的工作重心，部署下一阶段的工作安排。

开会应该把控会议的节奏和进展，非目标相关的话题，不应该在会议上出现。一旦出现要立即将该话题掐掉。

开会应该有目的，有议题，有数据，有总结，有表扬，有批评。

开会应该有参与，有思考，有讨论，有结论，有备忘。

这样开会，会后才会有执行，有反馈，有修正。

只有以目标为导向、以增长业绩为焦点，会议才能对目标的推进起到监控作用。

亲爱的院长，你中枪了没有？你的会议是怎么开的？

聚焦你的目标做激励

围绕目标做好日常管理和周期性会议推进其实还不够。

针对目标，还要时不时地采取有效的激励措施。激励员工，也是很多美容院老板关心的话题，因为谁都希望自己店里的员工充满正能量——对工作积极主动有干劲。但事实上，激励员工却并不是那么简单的事情。哪家美容院没做过心态培训、物质奖励、谈心鼓励？美容院为了让员工有个好的状态，总是煞费苦心，却收效甚微，员工似乎不买账。为什么会这样？我们发现，是因为很多店在激励时把目标与激励分开了。目标与激励就像一双筷子，谁也离不了谁，离开了另一方，就会造成功能性障碍。百达可以团队这些年下店经验得出的结论是，绝大部分美容院要么是有激励无目标，要么是有目标无激励！！

首先，我们来谈谈有激励无目标！

我们这个行业有个现象，员工一没状态就想着激励她，又是摇旗帜，又是跺脚……口号喊得震天响，作者曾经拍过几张这样搞训练的图片发到朋友圈，引来评论一片。大部分行业外的朋友都是发上几个流汗的表情，问："你在搞传销吗？"我觉得挺冤枉的。我也不提倡这种喊口号的行为，我认为，所有没有目标的激励，都是老板在发疯！

在这个行业，无数的美容院在做激励。大家一厢情愿地认为喊口号员工就有状态。员工有状态业绩就会好。可是事实上你会看到，搞培训、调心态洗脑，往往只能收到短期的效果，多搞几次人就疲了，再也难调动兴奋度了。这样的激励有什么意义？激励必须要有明确的目标，做到有的放矢，而不是为了激励而激励，盲目喊口号！

那么，什么样的激励是有效的？答案是首先要有目标。所有的激励必须先有目标。什么是目标？目标不只是这个月要完成多少营业额，不仅仅是业绩。我们很多院长一说到目标，想到的只有两个字，业绩。**目标也可以是：为了业绩增长企业面临的当下最需要解决的瓶颈问题。**

举例：如果你的店确实需要拓客，那么你这个月的目标聚焦拓客上。假设：根据你的店里的服务能力，可以再承接200个顾客。激励就可以根据这200张拓客卡制定。4名美容师去卖卡，卖一张198元的拓客卡奖励50元，卖满50张每张奖励100元，也就是说美容师卖了49张卡，奖金就是2450元，卖了50张，奖金就是5000元。这样的话，直接翻了一倍，激励每名员工去挑战你设定的50张目标。

再比如：店里挑客现象严重，要激励员工去了解每个顾客，能不能不在业绩上下要求，而是在买单人数上下猛药？假如一名顾问管50个顾客，以前买单人数才10多个。现在告诉你这个月如果有 30 个买单，除了正常的提点之外，再每个奖励 100 元，也就是 3000 元!

分享 2015 年服务过的一个案子。(第 2 章曾提及过)

四川有一家开了 8 家连锁分店的美容院，有效顾客总共才 400 多位，顾客很少吧。平均一家店才 50 多个顾客。2014 年店里做了三次拓客，每次一拓客轰轰烈烈，结果却留不下两三个。最后一次拓客时，一下拓了 1000 多个顾客。两个月过去了，留了 8 个人，惨吧？员工刚开始看见卖了那么多拓客卡，雄心万丈，是很有工作热情的。但是顾客进店以后，沟通几次下来，越来越不愿面对这帮顾客了，为什么？因为拓客卡的设计是 98 元的卡做 12 次项目，留客卡的设计是 1980 元的年卡，做 48 次。顾客当中冲着占便宜而来的人有很多：既然 98 元可以做 12 次，那我为什么要花 1980 去买 48 次？所以，三个月过去顾客没留下来几个，员工倒走了好几个，因为天天服务那么多买了拓客卡的顾客，又没业绩还累得要死，员工不愿意干了。

百达可以公司的汪东老师接管该店后，进场一看，这怎么办？1000 多位买卡顾客不能赶出去啊，再说了虽然有大量贪便宜的顾客，但不代表其中就没有能消费、能掏钱的，哪怕留下十分之一，也有 100 多位！最后，汪东老师下了一个命令，告诉全体员工：1980 元的年卡活动结束了，年卡恢复原价 2980 元。2980 元的年卡，卖一张，员工奖励 1000 元。结果第一个月下来，卖了 166 张，有名美容师一个人卖了 15 张，奖金 15000 元，这下谁都不辞职了，想辞职的也不走了！

这个案例中的激励有三个亮点：

1. 留住了一批新顾客。以前因为贪便宜的多，美容师碰到销售阻力大，所以对这批顾客放弃开发，通过强力奖励让他们不放弃任何一个可能，最终挖出来一批新顾客！！！

2. 稳定了美容师队伍。以前美容师服务1000多位拓客顾客累得要死，可是工资却少得可怜，员工看不到希望，不愿意干！现在一个月只要成交两个就有2000元奖金，员工辛苦但赚到钱了，看到希望了，所以想辞职的也不走了！

3. 打破了员工挑客观念，开始打造目标型团队！通过这种激励，员工看到原来顾客是否消费真的跟她们有没有做沟通、了不了解顾客需求有很大关系。

另外，在这个案子中，还定下了一个规矩，2980元的年卡，卖给新顾客一张奖励1000元！卖给老顾客一分钱的奖励都没有！为什么这么定？因为如果不这么规定，员工肯定会把这张卡卖给所有老顾客，那一个月下来，你会发现员工依然不会好好开发新顾客，全是老顾客成交。而我们肯定不是希望员工去卖2980元的48次年卡给老顾客，而是要开发客单价更高的需求！所以，汪东老师是把新顾客和老顾客的管理做了切割，由不同人负责，分别根据不同的目标制定不同激励。这就是先有目标，后有激励，而不是盲目乱搞激励。

一个企业会有各种各样的问题，企业要做的不是一次性解决所有的问题。因为破局不能从问题下手，而是要从瓶颈下手。这句话大家要好好琢磨一下，只要解决了瓶颈问题，其他问题暂时不管（其实很多问题不解决也会自动消失的），企业的业绩也能上一个新的台阶。而这个瓶颈问题，就应该是你的企业当下的目标。

说完第一种现象——有激励无目标，我们再来谈谈第二种现象：有目标无激励！！

我们行业有一个很奇怪的现象，就是很多老板对员工成本很计较，算得一清二楚；对促销成本却又很慷慨大方，为了预收款什么方案都敢出。就像上面说的四川那家美容院的案例一样，98 元 12 次的拓客卡、1980 元的年卡都可以出。自己的员工忙得要死，提成却少得可怜，看不到赚钱的希望！结果，员工要离职了，老板就感慨现在 90 后不踏实、不安心干活，美容院招人留人太难了，等等。这跟你的员工是不是 90 后有什么关系呢？这跟付出与回报有关系才是正解。

各位院长，如果你真的要激励你的员工跟着你走、为你卖命，请让她赚到钱。我们建议你可以适当地把促销成本省下来，用来激励你的员工。举一个例子：假如一个套盒卖 5800 元，你打折后 5000 元卖给顾客，其实顾客没什么大的感觉。顾客如果有需求，哪怕再贵 800 元她也买。因此，你打折打掉的那 800 元顾客是不领情的。但如果你保持 5800 元原价卖给顾客，把这 800 元省下来给你的员工，你的员工会更投入地去跟顾客沟通，挖掘更多的顾客需求。

一个店业绩的持续增长不是来源于一次优惠、一个方案，而是来源于团队的稳定和成长，你同意吗？

生态运营系统每服务一家美容院，咨询师都会叫停促销。但我们会根据店内的实际情况，有时候会让老板把省下来的促销成本中的一部分拿出来加大对员工的激励。这种激励其实也就是在帮助老板打造更强的目标型团队。你花钱把员工送到很远的地方接受喊口号式的培训，那种成本会更高，还未必能打造出很优秀的团队。很多美容院院长心里会想：不能光跟员工谈钱，这会让员工没钱就不干活，这种文化风气不好。但我们想告诉你，没钱没有人愿意干活，尤其是在你企业还很小的时候。员工赚不到钱，谈什么文化都没用。只有员工赚到钱，看到希望，他才会自动自发去挑战更高的目标！这个时候，你才有机会谈文化。

接下来我们再来谈如何激励员工设定目标在我们服务美容院的过程中发现，很多美容院一到报目标的时候往往出现两种现象：一是脑袋一热随口喊，喊完了不当回事；二是一报目标就掰指头，看看有把握完成多少，然后再为了保险起见打个 7 折报目标。

看书的院长，你的店里员工属于哪一种？

属于第一种的，基本上是以前定了目标没有执行上的监管推进。定了也就定了，没完成也就没完成。老板自己都没关注，最后不了了之。员工对定目标无所谓，员工已经养成了轻视目标的习气。属于第二种的，员工属于绵羊型的团队——胆小、不敢挑战、怕输，只愿意做有十足把握的事情，缺乏有效激励。

在制定目标时首先要敢想。

目标未必就是拿来完成的，很多时候还是拿来挑战的。你要激励你的员工做一个敢想敢干的人。比如一名顾问，你能不能告诉她："我见过的行业里能力超强的美容顾问管理 50 个顾客，每个月的业绩都稳定在 45 万元以上（其实你是胡说的，能力超强的顾问每月的业绩 100 万元都不止），而你的潜质、天赋一点都不亚于那个人，你应该超越那个人。"你要为你的员工树标杆、造梦。让她把自己定位在 45 万元业绩的目标上，然后每周、每月推动她，鼓励她。

你要让你的员工产生一个意念：这个月只完成了 18 万元没关系，我下个月目标还是 45 万元！你要让你的员工明白，目标不是我有把握完成 10 万元，我就只定个 7 万元。那样的目标即使完成了也没有什么值得喝彩的。要成为一个优秀的顾问，首先要敢想，要敢于把自己定位在 45 万元的目标上，每个月不断地为之努力，哪怕上个月完成 18 万元，这个月完成 20 万元，那也是可喜可贺的事！总有一天，你能完成 45 万元，成为一个优秀的顾问。

百达可以团队之前服务了山西玫香 Y 一年，在这个企业里，安排了每个月一次评选。评什么？顾问就评最佳卖手。完成目标最好的，进步最快的就是最佳。店长级以上高管包括老总全体请她吃饭，怎么请？员工身披绶带，坐在主位，老板和区域总监坐她旁边，主位的椅子都和其他位置的座椅不同，是一把宽大的八仙椅，员工感到无比荣耀。如果要谈文化，我们觉得这是一种文化，尊重人才、推崇人才的文化，而这种文化是建立在目标上的激励文化。在玫香 Y，一到要领任务或者 PK 的时候，不用打鸡血摇旗呐喊，也不用搞心灵引导感召，顾问们会争先恐后，大家都觉得领任务是件光荣的事，都觉得挑战目标是件光荣的事。当你的团队被打造成目标型团队的时候，不用喊口号，团队也能自动自发地去挑战目标，而且能持续地去挑战目标。

我们再来谈谈薪酬设计与激励。

很多美容院在设计薪酬时，喜欢把薪酬分成很多档。比如，业绩完成 3 万元以下提成 $x\%$，完成 5 万元，提成 $y\%$。我们见过分的最多的，分了 10 个档，还给每个档起了一个称号，什么金牌顾问、明星顾问、实习顾问之类的。美容院的出发点是为了激励员工，可是这样的激励还真是有点想当然。最上面的 6 个档基本叫摆设，因为大家从来没冲破过第 4 档。

在“百佬会”社群，我们设立了 24 堂系统课程，经常会做语音课程分享。有一次公司肖老师开课时就举过一个例子，非常形象。例子是这样的：“好比今天我是个副科级别经理，组织给我订个目标，让我好好拼搏一番，争取两年干到正处。我的感觉是虽然有很大难度，但事在人为，咬牙拼一把也许还有机会。但是，如果组织给我定的目标是两年干到总理呢？我心里只会有一个想法就是：你哄别人去吧，我能混到正科就不错了！”

一定要记住你做激励的目的是给员工设计提升点。提升点大家想象一下，在你的头顶上方不远的地方，有个小点点，是员工目前没有达到但努力跳起来有可能能触碰到的，努力拼一把会达到的点。你得让人一看你的游戏规则就咬着牙对自己说："我能行！"而不是在心里翻个白眼说："算了吧！"

所以，在薪酬的激励设计上有个说法，叫临界点薪酬。比如：现在你的全店业绩总是在 35 万元左右徘徊。销售提成美容师 2 个点、顾问 3.5 个点，店长 1.5 个点。也就是总共 7 个点，那你想要让团队突破 40 万元大关怎么办？告诉你的团队，突破 40 万元，所有提成是 8 个点。多了 4000 元！你根据这个去设置每个岗位的临界点，比如店长，全店从 35 万元业绩提升到 40 万元，提成点从 1.5 个点变为 1.7 个点，也就是多了 800 元！顾问从 12 万元突破到 15 万元，从 3.5 个点变为 4 个点，多完成 3 万元业绩多了 700 元！

（特别备注：这仅仅是在举例，不建议美容院生搬硬套地照抄。关于薪酬系统的全面话题，我们会在第二本书当中为读者详细阐述。）

这样做的好处是：第一，员工够得着，目标聚焦，才会努力拼；第二，你会省去很多麻烦。定那么多档位，对员工不能发挥激励作用。另外，最顶上那几档提点，很多老板心里很清楚地知道，自己的员工是无法完成的，所以把提成点定得非常高也无所谓。比如我们曾经服务过的一个店，服务之前的年度业绩里，最高月的业绩才 40 万元，其他月份都在 15 万～20 万元。我们接管之后，从第一个月开始每月业绩不低于 50 万元。结果，到了发提成的时候，该店的老板蔡院长肉疼到想哭。蔡院长忽然发现：以前认为完不成的业绩完成了，并且变成了常态。那就意味着，她以前随意定的高业绩档的提点每月都要兑现，她不肉疼才怪。如何降低提成点数又不会打击到团队的积极性，成了她的心病。最后在百达可以团队的协助下，循序渐进地解开了这个症结。这种多档位的提成设计起不到激励作用，还容易留下隐患。用临界点的思维去设计提点，你会发现，没那么复杂，团队的目标更清晰，激励效果更好！

激励是多样化的，是需要有策略的。而策略的思考点，则要先确定目标。想把店做好，这也是一门基本功。

CHAPTER9 • 第9章

让高业绩成为常态

- 高业绩如何成为常态
- 锻造一个群体的心灵

高业绩如何成为常态

生态运营系统的最终目的，是让美容院的高业绩成为常态化，也是作者希望本书能够帮到美容院院长实现的理想境界。还是那句话，短期内提升几倍业绩没什么了不起，提升业绩后保持不下滑才算真功夫。要实现高业绩常态化，必须要先打破观念上的两个瓶颈，如果不打破恐怕没什么希望实现。

一个业绩始终处于低水平的美容院，通常只有在搞大型促销活动时，才能让高业绩偶尔浮现。那么这样的高业绩就是属于偶发性的业绩。对于这个美容院的团队而言，在她们的意识当中，会一致认为：这样的高业绩是因促销活动而产生的，它是短期的，是不会持久的。一旦活动结束了，低业绩的日子就会随之而来。(很多院长又何尝不是这么认为的呢？) 有以上这样的思想意识存在，这个美容院是很难将高业绩保持住的。

每年 7～8 月，是行业里所谓的淡季。

每当淡季来临时，很多院长的潜意识当中也会认为：淡季嘛，业绩低是正常的！由于有了这样的思想，她就会允许业绩低的情况出现。她会将所有业绩不高的原因都归罪到淡季上。她会放弃努力，也会放松对团队的要求。还有更过分的情况，就是有的院长居然会告诉自己的员工：现在是淡季，所以业绩不高。这下可好了，本来有的小姑娘从来没听说过有淡季，她的意识中根本没有淡季这个概念。原本她还在努力当中，没出成绩的话她还会自责。听老板这么一说她恍然大悟："哦，原来我做不出业绩是淡季的原因呀！"接下来她彻底释然了，于是也就不努力了，既然是淡季嘛，不如把心情放轻松起来，一起去耐心等待旺季到来吧。结果，这个店的业绩就真的变成淡季了。

同样，在美容院大型促销活动结束后。店长的顾问、美容师们一方面会认为：该买的顾客都买了，不该买的顾客，在搞活动有优惠的时候都没买，活动结束后没有优惠了就更加不会买了。另一方面她们还会认为：顾客们由于促销活动一次性购买了很多了，接下来要等顾客消耗一阵子她们才会再度购买。所以接下来一段时期没有业绩是正常的，业绩不好做也是正常的，顾客不消费也是正常的。（很多院长又何尝不是这么认为的呢？）因为有了这样的认知，所以她们心里已经接受了低业绩，已经默许了不成交，于是不会继续为了目标去奋斗。一旦放弃了努力，战斗力就松懈疲软了下来，低业绩也就真的心想事成了。

按照传统的思想，如果美容院7～8月是淡季的话，一年就已经浪费了两个月的时间。

按照传统的习惯，在一场活动过后接下来两三个月业绩必定会很低迷的话，那么又浪费了两三个月的时间。此外，每年春节的前后 20 多天的时间里，由于各种原因没办法好好做业绩。掰手指一算，哇，似乎一年当中有 4～5 个月的业绩是注定要走低的。多数美容院一年的业绩走势规律就是这样的。院长们似乎也默认了这种业绩走势。顺应自然规律去做生意叫作靠天吃饭。靠天吃饭必然会饥一顿饱一顿。如果你默认了这种自然规律并顺应规律的话，你想要实现高业绩常态化肯定是没戏的。

院长们，你接受这样的业绩走势规律吗？反正我们是不能接受的！如果你希望你的美容院实现高业绩常态化，首先就要消灭这两种思想上的瓶颈。把以上这两种思想瓶颈消灭了，事实一定会给你一个全新的业绩面貌。而所谓高业绩常态化，就是指在平时要把业绩做高，在 7～8 月所谓的淡季也要把业绩做高，在经历大型年度促销之后的几个月里，依旧要把业绩做高。

当美容院打破了观念上的瓶颈后，要实现高业绩常态化，大体上说，还需要满足两个条件。满足这两个条件以后，美容院就会进入高业绩常态化的四大状态里。我们先来说说两个条件。

第一个条件是要有高业绩出现。

在美容院进入高业绩常态化之前，要做的工作、要练的功夫有很多。生态运营系统一共有八大要素，分别是目标、架构、品项、销售套路、需求、客情、监控、有效激励。这也就是本书第 2～8 章的内容。我们来回顾下前面的核心内容。

第 2 章，阐述了目标以及瓶颈，告诉读者开店要有目标，忽略杂乱问题，从瓶颈下手。

第 3 章，阐述了组织架构的各种形态，强调岗位分工的重要性和人力资源的布局原则。

第 4 章，阐述选产品是一门学问，并对品项的选择与引进给予了具体的标准。

第 5 章，剖析卖产品失败的各种原因，强调销售要有策略，要合理地借力利用资源。

第 6 章，阐述了优惠成交与需求成交的区别，强调重建销售文化和消费文化。

第 7 章，对客情的现状以及成因展开分析，分享了做客情的思路和客情系统。

第 8 章，阐述了日常目标管理、阶段性目标监控和目标激励设计原则。

以上这些内容，都是为了产出高业绩而需要去练习的功夫。如果有缺失就补足；如果有偏离就纠正。这是美容院院长、高管们要练习的运营功夫。练就这些功夫的过程，就是生态运营系统的建设过程。对于院长而言，是一个运营水平提高的过程。对于团队而言，是一个心智和能力逐渐成熟的过程。对于顾客而言，是一个消费文化重新建立的过程。对于客情而言，是一个破冰扭转的过程。对于品项而言，是一个优化更迭的过程。

在这个过程中，业绩必然会随着瓶颈的击破而快速上升。高业绩也就这样随之出现了。但是，由于系统还没有运作成熟。这个时期的业绩很可能是摇摇晃晃不稳定的。对院长来说，在此期间最重要的事是拿出定力，把心态稳住，继续坚定不移地推动目标向前发展，不偏离目标，不三心二意，不患得患失，聚焦而专注。如果能坚持让业绩连续在最少6个月的时间里，保持在一个较高的水平线上，6个月后，团队就可能会发生真正的质变。这个时候第二个条件就已经具备了。

第二个条件是要让团队养成做高业绩的习惯。

美容院在连续6个月甚至更久的时间内，保持住了比较高的业绩水平。团队就会产生质变。无论是在销售、沟通、需求、客情、服务方面，还是在心态、目标以及思想观念上，团队都会产生蜕变。团队会养成做高业绩的习惯，习惯就会成自然。这是系统带给一个企业最根本的内在变化。

锻造一个群体的心灵

曾经听过一个阴险的职场故事。大概是说某个 20 多岁的白领小王，不知道什么原因得罪了老板，但他自己并不知道。老板为了报复他，不但没有炒他鱿鱼，反而把他的薪水从 3000 元提升到 8000 元，从普通职员提拔到了副总经理。这就造成了他高薪低能的处境，但是年轻人并没有发现自己的能力与收入不匹配，认为是自己有才华，老板欣赏他，少年得志，每天飘飘然。半年后，他被老板炒鱿鱼了。随后的三年半时间里，他不停地找工作，又不停地换工作。多份工作都只能做 1～3 个月。他的职场建设无从谈起，行业口碑也越来越坏。因为他已经被连续半年的高薪高职位给惯坏了。心态上严重失衡，变得高不成低不就，对工作挑挑拣拣，却不知其实是他自己眼高手低。

小王还是小王，人没变，但是内心变了。他回不去从前了。对他来说只有两个选择，要么自我反省，要么继续落魄。

这则故事给我们咨询师带来的启发是：要做运营管理，

最高的境界就是改变团队和顾客的心智、心灵。

连续 6 个月的高业绩，带给企业的质变是非常巨大的。2014 年，在湖北我们服务过一家美容院，院长姓曹，300 平方米的店开了 7 年。在我们的咨询师进场之前，该店的平均业绩为 15 万元一个月。做活动时期，有时候能做到 35 万元，运气好的时候，也能做到 43 万元。咨询师进场第一个月，夯实了架构、分工，调整了销售流程，斩断了促销，拿了一个客单价 2.98 万元的项目作为主推。

第一个月结束时业绩实现了 58 万元，团队很激动。她们感叹：业绩居然可以这样做！

第二个月结束时业绩完成了 55 万元，团队再次很激动，真没想到，这个月的业绩还能做这么多！

第三个月，下达了 72 万元的任务，最终完成了 38 万元。这个月团队感到有些疲倦，有些不适应。她们觉得工作强度有些大了。为什么？因为店里项目不多，而前两个月客情好的顾客早就卖完了，客情一般的顾客也开发了不少人，剩下大量客情差的顾客。要让这些顾客成交的难度可想而知。尤其是破冰的过程实在很考验人。几个顾问卖手在进攻时频繁受挫。在第三个月中旬的时候，曹院长亲自打来电话，也表示出跟团队同样的焦虑和痛苦。我们给予了理解，同时更加给予了鼓励。我们让她打起精神，焦点回到主线条上，坚定地推进目标。同时，就像我们鼓励她一样，她也去鼓励团队。再难，目标定了，就应该坚定执行。团队抱怨归抱怨，牢骚归牢骚，但是工作还是有序地在推行当中。她们不断地遇到障碍，我们就不断地给予疏导和鼓励。用这种方式，最后我们度过了第三个月。虽然目标没有完成，我们仍然给予该店上下一些肯定。38万元的结果，一半以上来自那些客情一般甚至客情差的顾客。这个才是最大的收获。月底总结会议上，团队成员一个个眼睛发亮。她们感到有些不可思议。因为过去只有搞促销时才会出现的高业绩，居然连续三个月出现了。虽然过程有些辛苦，但看到这个结果，还是觉得很值得。

第四个月，进入一个关键期。月初让团队定任务，她们自己定了30万元。看到这个数字，当即就被咨询师否决了，要求重新定目标。这个时候，有名顾问提出了疑问："老师，现在要做业绩好难呀，好成交的顾客都成交完了，上个月拼了命都没完成目标。这个月业绩应该更难做才对，为什么还要定出更高的目标？"啧啧啧，听起来道理很强大。曹院长这个时候起到了关键作用。她站出来说："我们店跟以前不同了，大家没发现吗？上个月大家都觉得很难，最后不一样做到了38万元吗？想想我们以前能做多少？年底做充值又能做多少？我们已经连续三个月创造奇迹了，难道这个月不能继续创造奇迹？就算不能，难道我们不能尝试挑战一下？不尝试怎么知道？……"最后，在咨询师理性的数据引导下，团队成员的眼睛又亮了，她们看到了希望，更改了定目标的角度，最终团队把目标破天荒地定到了811500元。

结果，第四个月到了第12天时，大家惊奇地发现已经完成了38万元。当天晚上下班后曹院长请客，为这个12天的奇迹庆祝并继续鼓励大家冲刺。到了月底最后一天晚上6点，距离最终目标还差1.5万元。而此时，店里没有顾客了。眼见无望达标，四个顾问都快急死了。

曹院长来电话问我们：怎么办？

我们回答：几个卖手现在的状态好吗？

曹院长回答：状态好，她们愿意想办法。

我们回答：那这样，你让四个顾问自己想办法。只要她们在动就行。

曹院长：……那……那如果想不出怎么办？

我们回答：先让她们想办法。另外，你打电话找一个你的闺蜜，让她准备好，晚上11点30分来店里充一张2万元的卡。如果几个顾问想到办法自己完成了目标，你的闺蜜就不用来了。

曹院长领命去执行。晚上11点曹院长又来电话，告诉我们：店长带领顾问通过打电话的方式成交了几个顾客，在晚上10点半的时候，一共成交了1.7万元。最终超额完成目标2000元。当月最终业绩居然实现了813500元。

第五个月来临，在定目标的时候团队忽然感到轻松了起来。原因是第一个月买单的顾客有一批已经四个月没消费了，轮也该轮到她们买单了吧。况且这个月增加了一个新的项目，客单价稍微低一些，成交难度更低，并且还有厂商的老师可以支援，可以借力的地方很多。第五个月完成了59万元。59万元放在以前团队应该是很兴奋的。但是连续5个月业绩都不低，团队开始有些麻木了，没有最初业绩发生井喷时那么兴奋。

到了第六个月定目标时，由于新引进的项目开始找到了感觉，需求沟通掌握成熟，客情破冰也逐渐取得成交。顾问跟店长自己开了个会，很理性地定出了半年来最高的业绩目标 97 万元，并且她们认为很容易完成。在她们几张小脸上浮现出这幅淡定从容的神态，连曹院长自己都感到意外。（最终完成 72 万元）

关于团队的改变，我们访问曹院长店里的员工。一名顾问是这么说的："以前我当美容师每个月也就 3000 块，现在每个月都能拿到一万三到一万八的奖金。我很满足，在这个城市里，我这算是高收入的工作了。如果店里的业绩回到以前那种情况，我又得继续受穷了，我可不愿意。所以我必然维持住高业绩。只是我比较笨，还需要老师多指点。"（说完害羞地笑了）另外一名顾问说："一开始我觉得挺辛苦，压力很大，不过现在感觉已经习惯了。其实我们几个都是穷人家的孩子，我们不怕辛苦，就怕辛苦了还看不到希望。不过我现在觉得做业绩好像难度不太大，稍微用点心就可以实现。就算会觉得辛苦，但不会觉得有压力。"

如果要论管理，我们认为最高段位的管理就是锻造一个群体的心灵，让他们的内心发生蜕变。生态运营系统改变最大的是这群员工的内心。她们开始相信高业绩是可以持续的。她们面对高业绩已经不会兴奋得像过年一般，她们变得从容了，适应了也习惯了高业绩。她们更愿意主动去保持、去维持业绩的水准。她们不接受低业绩带来的低迷氛围和低收入。

曹院长的员工们的心理发生了变化，变得自信了、强大了、老练了和大胆了。她们无法回到从前。她们已经适应了当下，习惯了高业绩，习惯了高收入。她们只会变得越来越强，会自动自发地去把业绩做好，至少要让业绩保持在一个相对高的状态里。这时，团队基本上就会进入一种良好的状态，这个状态有 4 个特点。

一、所有的人都在认真研究顾客。

二、所有的人都在认真研究产品。

三、所有的人都有达成目标以及赚钱的欲望。

四、所有的人都具有协作、配合的意识。

能否做到高业绩常态化，只要观测团队是否进入这四大状态。任何一家美容院，如果团队进入了这四大状态，业绩不可能会下跌。

要论团队打造，我们认为：能让团队进入以上四大状态的训练，就是全行业最顶尖的团队打造培训，绝对没有之一。

三个月做一年的业绩没什么了不起。

短期内把业绩翻几倍也没什么了不起。

提升几倍业绩后，高业绩常态化，才算了不起。

后 记 一

致我们的客户的公开信

嗨，百达可以的老朋友们，我们又见面了。

不同的是，这一次不是我远赴千里去你的战地给你现场辅导，而是以书信的方式搭起我们之间沟通的桥梁。说实话，我喜欢这样的表达方式。它直抒胸臆，不做作，很真实，我想你们一定也可以从字里行间感受我要给你的温度与力量。

还记得合作最初时我们和你说过的话吗：请顾问的目的是为了不请顾问！

你可能无法想象我们说这句话时的认真和决心。因为在我们心中，咨询师是个手艺活，这一份手艺是可以复制和传承到你和你的店里。当我们的咨询师把你和你的团队锻造出来后，你就不再像以前一样：在业绩好的时候走路，在业绩不好的时候摔跤，疼痛难受了再盲目求医。你可以更加平稳和快速地行走甚至奔跑，奔向你的目标。最重要的是，不管这途中有多少风浪和挫折，你都不再胆怯和慌张，因为你具备了勇气、力量和自我修复的技能。说到这里，我的心暖暖的，因为这是我对你和你的企业最大的期待。

流年似水，再回首，和你一起并肩战斗过的日子，总能让我内心欢喜。接下来，我想说给你听。

以前的你，向来的风格是短、平、快地做业绩，说的直白点是急功近利做业绩。你的最佳选择应该是林林总总、千奇百怪的模式，幸好，我们遇见了。此后，你发了疯似的每天在念叨：企业生态运营。你的关注点不再只是营业额和赤裸裸的结果，你开始关注自身的成长，团队的进步。你的工作重心不再是到处寻找新模式、新方案，取而代之的是巡店抓运营。你说，我和我的团队成长了，还用愁业绩吗？

曾经的你，总是耐不住寂寞地要做促销，像是犯了毒瘾的女人，而且总能找到各种借口和理由说服自己一定要促销，是的，普天之下的女人都有这个本领。哈。幸好，我们遇见了，你笑着打趣说，这半年来，你像是进了戒毒所，前3个月虽焦躁难挨，现在竟也觉得神清气爽。最关键的是，你发现和学会了不促销也能做业绩的秘密武器。你说，果真放弃和割舍后才能重新拥有。

过去的你，总是很容易被触动，随意地感性地选择项目，然后栽跟头、头破血流。幸好，我们遇见了，今年9月份你来美博会，你交给我的那份A4纸的文档就是你最好的成长印记，里面有我们第一次做项目诊断时你记录的你要填补的项目，你选项目的靶向性更高。还有很多选项目的注意事项，你说，真神奇，卖点、卖手、卖法、卖相，让你在谈判和选择的时候底气十足。

当初的你，总是热衷于甚至痴迷于自营项目，也总是能捣鼓到时下流行的仪器，然后，看着它们像尸体一样躺在储藏室静静发呆。幸好，我们遇见了，当我打趣地说最近有没有搞新研发？你像极了害羞的姑娘，你说：“当下，我和我的团队还不具备这样的营销能力，我要借力来提升盈利能力，而不是闭门造车，这是井底之蛙的做法。”

早先的你，像个小财迷，缺人也不愿意高薪保底吸纳人才，选项目只要对方告诉你高折扣你就拒之门外，你店里的项目我真是闻所未闻。幸好，我们遇见了。或自愿或我们“逼迫”，你放弃了你原有的陈旧、落后的成本意识。你说：员工是第一生产力，你愿意且应当为此付出金钱和心血，你说别人家都是坦克大炮，我这玩具枪如何上战场打仗厮杀？

那时的你，耳根子真是特别的软，员工说没客户你就去拓客，员工说客户嫌贵你就降价促销，你迫不及待地想要满足她们的需求，可还是以失望收场。幸好，我们遇见了。你现在特别有立场，你会统计有效客户来看是否需要拓客，你会转移团队焦点，用需求营销来让嫌贵的客户买单。你说，你懂得了看数据和正确的决策才发现，老板的成长真的就是企业的成长。

……

是的，成长是唯一能打破天花板的途径。细数你成长的点滴，这是我们作为咨询师最大最真切的满足。此刻，我想要表达感谢，因为有你的选择、相信、配合和努力，我才会有这份美好体验。亲爱的客户，谢谢你，有你真好。这就是我想要表达的全部吗？不，咨询的路上，不全是这种和谐快乐成长的案例。请相信，这道路不平坦，有坎坷、有阴霾也有风雨。下面有些语重心长的话，我想说给你听。

还记得辅导东北那家著名的企业。13 家店，其中 6 家老店 7 家新店，团队断层严重，总监、高管多数是入行不久的新人。老店的员工不听话、不配合。最初在微信群里，我发出了一个指令，30 分钟后没有人回应，60 分钟后也只有个别人回应。连续好几天都是这样，我的指令大多数石沉大海。通常这个时候是最需要你来说一句话的，你一句话能顶我十句话，因为你的员工跟我都不熟。而你，你在哪里？你在泰国的海滩晒太阳，你在日本的商场中买买买，或在高端社交宴会的美酒佳肴中。总之你无暇顾及，似乎这是我的企业。说句心里话，我心中好多次泛起："怎么遇到你这么个客户？"的怨念。但是怨念归怨念，既然接了你的案子，我只有用心做好。迫于无奈，我不得不在你的企业高管中去寻找知音，所幸的是，被我找到了。3 个月下来，企业的变化让你充满惊喜。这个时候你才逐渐归位到我想要的配合状态中来。我在想，如果你能提前 3 个月进入状态，结果是不是会更上一层楼呢？

另外，有一些客户业绩稍有提升了，你就忘乎所以了，这是不成熟的。比如 500 万元的月度目标仅仅完成了 400 万元，你就知足了。当然，我能理解你的心情。相比以前 120 万元到 160 万元的业绩，在不做促销的情况下到了 400 万元，你是满意的。可是，你能不能不要只盯着这个数字呢？距离当月结束还有 9 天，你就开始自我满足、开始放弃了，瞧你这点出息！业绩稍微有起色就得意忘形，把目标都丢弃了。那么请问定 500 万元的目标是定着玩的吗？我们要追求的不仅仅是区区 500 万元的现金流，更是奋战到最后的耐力的追求。有了这份追求，你的业绩才会步步高升，而不会是昙花一现。

有些姐姐，业绩起来了、赚钱了，她却只顾着自己买房、买车。你买房、买车我们也替你高兴，可是你能不能同时考虑到给自己的员工也买点什么呢？哪怕稍微买点礼物呢！毕竟是她们完成了你的业绩呀。你没考虑她们也就算了，可是你能不能不要在员工面前炫耀呢？你想过她们的感受吗？她们说：业绩低的时候老板跟我们就像姐妹一样，业绩高了老板却越来越陌生了。你曾经说过你最终的目的是为了成就员工。现在呢？忘记了吧，唉，真是该啪啪啪打脸！你如此任性甚至幼稚，怎么领导你的团队？我们提醒过你，企业文化实际就是老板文化。你是否足够魅力？是否值得追随？要看你自己的表现了。

其实生态运营系统是帮助企业成长、老板成长的系统。成长才是关键词，业绩仅是附加值。你缺的其实不是业绩，你缺的是做业绩的方法、思路、系统、套路。你认同吗？只有关注成长，系统才能扎实落地。有一天我们合作结束了，你也能保持很好运营。

我们遇到过一些客户，在合作初期，系统刚刚落地运转，就急不可耐想看到汹涌的现金流滚滚而来。就如一怀孕想生孩子，很不现实。她关心的头号问题是：业绩什么时候出来？或者是我什么时候能把支付给你的十多万元的咨询费给赚回来？她不关心企业成长，不关心自己的成长，只关心业绩额。其实我们真想问她：“你请我们的目的究竟是为了长远的发展，还是想用十多万元的咨询费换取百万级的业绩呢？”说句心里话，其实我们更加愿意合作的客户，是那些关注企业自身成长的客户，而非抱着投资一点咨询费然后指望产出很多倍收益的客户。其实啊，在我们身上计算投资回报率，又或者在我们身上赌博押宝，又或者把我们当成救命稻草的思想都是不对的。有这样的思想需要接受批评。

之前还遇到一个即将合作的姐姐，她上半年做出 2300 万元的业绩，下半年就想做出 7600 万元的业绩，说完目标后满心期待地看着我。我既欣慰又尴尬，欣慰的是你有远大的目标理想。尴尬的是，纵然是我有三头六臂也无法保证你的第一跳就可以从 2300 万元到 7600 万元。因为 2300 万元阶段的你，当下与之匹配的团队、氛围、执行力、项目……我无法给你保证，谁也无法给你保证。这个姐姐显然是指望我们给她拿出几个惊天动地的好点子、好模式了。于是我们对她说：“你真的了解我们吗？你跟我们合作，究竟是看上我们哪里了？如果仅仅听其他美容院说我们好话而来找我们合作。我们非常诚恳地建议你，不如你先加入我们百佬会的社群。通过百佬会社群的 24 堂线上课程了解我们以后，再决定合作不迟。”这个姐姐倒是很配合，至今我们依旧合作愉快。

当然，即便是你的心态让我们感到有些许遗憾，我们仍然感谢你。你会选择我们，就是对我们的一种信赖和认可。特别是有位客户姐姐，月营业额2万～3万元，居然贷款来请我们做咨询，我想对你说声感谢，你的置之死地而后生的决心是我必须对你负责的理由。

我们还记得，山东的客户姐姐在分别时说："你放心，我一定会执行到位！！"而福建的客户姐姐在分别时说："拜托了，我的店就交给你了……"这两句分别时说的话，大家能看出来差异吗？这一份差异，或许就是咨询案质量优劣之别。请咨询不是一味地托付，如果这样，又何谈成长？你需要认清楚一个事实：毕竟企业是你的，我们是来辅导你的，而不是来替代你的。

还记得陕西的客户说："如果我的高管们能像你这样开会，有数据、有思路、有总结，那我的企业将会不得了，我的高管多久才能像你这样开会呢？"提出这样的问题，是典型的关注企业成长的表现。这格局令咨询师钦佩，因为老板的着眼点在员工的成长，她的企业不是只追求"创可贴"或者"阿司匹林"似的业绩增长，她要健康的体魄和药方。

有些客户姐姐，我们主动中断了跟你的合作，希望你们能够理解。

我们不是嫌弃你们，也不是我们有钱不想赚！而是我们已经合作了一年半甚至两年了。当初蹒跚学步的你，已经有能力从容地自己行走跑动了。只是你们可能还不太自信，不太敢独立行走，或者对我们有些许依赖。作为咨询师，我们应该说不，应该放手让你自己走走看。因为成长早晚是要学会独立的呀。如果你走得不稳，我们再来帮扶也不迟。所以放手也是一种支持，这可能会让你当下少了一点安全感，但是会让你认真看清楚脚下的路，而不是看我！

客户姐姐，你的老板之路还很长很长，企业的发展之路还很长很长，在这遥远的征途的某个岔路口，你我相遇，相知，相伴，相惜。是福气，是缘分。可我们终究是需要道别。而我想给你的不能够只有回忆，还有这封信，犹如你就坐在我对面，我会笑着轻声对你说：

"嗨，姐姐，好久不见！"

还记得最初我对你说的话吗？

我说："请顾问的目的，就是为了不请顾问！"

后　记　二

百佬会简介

百佬会，中国美业在线咨询第一社群，由百达可以公司创立于 2015 年，被众多会员称之为“美容院的百度”。会员们在经营过程中，无论遇到什么问题，只要在百佬会里提出来，几乎都能得到答案。

百佬会社群有两份宝贵的财富。

财富一：24 堂线上系统课程，由百达可以公司的讲师们轮流授课。该系列课程的内容深入浅出、通俗易懂、实操性强、惊艳纷呈，常常赢得学员们的由衷赞叹。除此之外，百佬会还时常邀请各界精英入群授课。

财富二：自由的交流分享氛围。这项财富由天南地北的院长们共同创造维护。尽管大家未曾谋面，却亲如同窗。每当一家美容院遇到难题，N 家美容院都会为她出谋划策。在这样互助帮扶的氛围里，很多会员不再感到孤独、迷茫。因为有百佬会在，她们的美业之路，就有一盏指引前进的灯塔。

百佬会 24 堂运营系统课程，目前仅对会员开放。

欢迎各地美容院院长加入百佬会，同学习，共成长！

赞　　誉

我认为，无论用多么夸张的语言来形容这本书的价值都不过分！

——山西名黛 SPA 美容连锁机构　芦理

这本书里的内容都是干货，深入浅出、通俗易懂，是美业人士都应该反复研读的一本好书。其中有作者是我老乡，江西抚州“临川出才子”闻名天下，才子之乡的气质在他们身上体现得淋漓尽致！感谢他们为美业做了如此大的贡献！

——江西梦婷国际、薇妮体雕　殷小凡

如果 3 年前我就牵手香港百达可以公司，我的企业规模也许是现在的 3 倍！理论指导实战、数据导入行动，结果验证逻辑；每每带给合作企业 3 倍以上的业绩增长。此书通俗易懂，吹糠见米，强烈推荐，美业人必看！

——武汉娇莉芙抗衰连锁集团公司　秦勇

这是一本会引发中国美容院经营革命的书。我坚信如果运用书中的思想和方法，就没有做不好的美容院。我也坚信这本书的诞生，一定能够造福整个行业，值得我们全体美业同行认真学习。

——江西茶香国际连锁机构 邹茶香

这本书绝对是最好的运营指导老师，实在，实际，实用！书里面随便一个篇章的内容，都让人读后感觉脑洞大开。全中国的美容院应该人手一本！

——新疆唐苓美容连锁机构 唐嘉驿

经营上我们一直追求务实与实操，这本书对我们来说就是百达工具包，你要用到的工具里边都有，只要懂得使用。百事可达，从实战中来的分享，给了我们前进的力量。授业授道同行之作。

——衢州金夫人美容连锁 姜军

本书和以往的管理书籍不一样，对于百达可以这样的公司来说，能出此书一点也不稀奇。此书是以聚焦答案的思维，来循序渐进建立一个店的健康运营管理，它不仅是解决问题，更是讲述如何建造一个店的健康运营发展模式！聚焦模式是一种实用主义的方法，它更关注的是朝着目标前进，从现实上解决问题的根源！让我们从复杂走向简单，从不健康的乱管理，到健康的运营模式、健康的思维方式！

——天津磐石美容会所 张莉

需求化营销，数据化管理让我们的思路清晰了，是我们系统的核心。

——山西岸芷汀兰连锁机构 刘益铭

务实的服务，务实的团队，务实的著作。不夸张地说，这本书的内容胜过美业所有的管理课程。

——宁波市若兰时光 SPA 会所　翁仙林

百达可以的年度巨作，这是送给中国美业人最好的礼物！

——浙江奉化梦衍煌宫美容养生会所　张淑娟

这是一把打开美容院赚钱的钥匙，《美容院这样开才赚钱》，您值得拥有！

——新疆 my queen 美容院　宋欣桃

没读过这本书的美容院，大多数都会在未来的竞争中被淘汰。这本书的诞生是美容行业的福音。

——深圳百合百丽美容连锁　黄晓莹

国内第一本可以指导美容院运营的管理书，如此干货，难得一见。

——新疆修身堂　刘丽婷

没有深入的研究产生不了如此深刻的思考，没有如此深刻的思考解决不了目前美容行业的问题。好书，强力推荐！！

——北京千喜美容连锁　蔡高峰

百达可以为我的团队带来了真正的福音，解决了我的企业的核心运营问题。让我可以离开一线现场，从容运作企业。通过规划设计业绩，通过架构完善管理，通过数据把控每个推进的细节。我相信每一家企业都会通过这本书收获颇丰！

——杭州姿丽堂美容连锁　高晗